헌법과 인공지능

인공지능총서

인공지능 시대입니다. 기계가 인간의 인지를 대신하고, 사물이 인간을 통하지 않고 다른 사물과 직접 커뮤니케이션합니다. 이에 따른 인간 삶과 문명 변화를 정확히 이해·예측·대응하는 것은 이 시대 우리 모두의 과제입니다. 인공지능총서는 인공지능 기술과 환경의 여러 주제를 10가지 키워드로 정리합니다. 관련 개념과 이론, 학계와 산업계의 쟁점, 우리 일상의 변화를 다룹니다. 인간과 기술의 현재, 미래를 세심히 분석합니다.

일러두기

- 인명, 작품명, 저서명, 개념어 등은 한글과 함께 괄호 안에 해당 국가의 원어를 병기했습니다.
- 외래어 표기는 현행 어문규정의 외래어표기법을 따랐습니다. 다만 '딥러닝', '딥마인드', '딥페이크' 등은 관행을 따랐습니다.
- 법조문의 띄어쓰기는 법령의 문안에 준했습니다.

처음이세요?

전문가세요?

헌법과 인공지능

손형섭

대한민국, 서울, 커뮤니케이션북스, 2024

헌법과 인공지능

지은이 손형섭
펴낸이 박영률

초판 1쇄 펴낸날 2024년 11월 11일

커뮤니케이션북스(주)
출판 등록 2007년 8월 17일 제313-2007-000166호
02880 서울시 성북구 성북로 5-11
전화(02) 7474 001, 팩스(02) 736 5047
commbooks@commbooks.com
www.commbooks.com

ISBN 979-11-7307-089-1 03500

책값은 뒤표지에 표시되어 있습니다.

차례

AI와 헌법의 만남

집필 배경

인공지능(AI, artificial intelligence)이 우리 사회 곳곳에서 영향을 미치기 시작했다. 특히 챗지피티(ChatGPT)가 2023년 3월에 공개되어 인공지능, 그중에서도 생성형(generative) 인공지능이라는 것이 우리 삶의 많은 부분을 바꾸게 될 것으로 사람들이 인정하게 되었다.

그 시작을 멀리 거슬러 올라가면 인공지능 철학은 18세기 초부터 논의되었지만, 우리가 사용하는 AI의 개념은 1940년대 초부터 존재했으며 1950년 '튜링 테스트'의 개발로 유명해졌다.

1950년대 말 미국 국방부의 연구 프로젝트인 아파넷(ARPANET)에서 컴퓨터 개발을 시작하고 1989년 영국의 팀 버너스 리(Tim Berners-Lee)가 월드 와이드 웹(World Wide Web)을 발명하여 1991년 이를 공개함으로써, 1990년 중반부터 일반인들이 인터넷을 활용하게 되었고 이후 컴퓨터는 국제사회에 많은 변화를 일으켰다. 영국의 수학자 앨런 튜링(Alan Turing, 1912~1954)

이 1950년 논문 "계산 기계와 지능(Computing Machinery and Intelligence)"에서 기계가 생각할 수 있는지 테스트하는 방법과 지능적 기계 개발 가능성을 논하며 인공지능이라는 개념을 제시하고 튜링 테스트라 불리는 "상대방이 인공지능인지를 테스트 하는 기준"을 제시했다. 1969년 이후 인공지능 연구는 한계에 부딪혔다가 2000년대 이르러 인공지능은 인터넷에 퍼진 방대한 데이터를 기반으로 상용화되었다. 그리고 지금은 하루하루 변화와 발전을 계속하며 우리 사회에 영향을 미치고 있다. 미국과 같은 인공지능 기술 강국은 인공지능을 통한 사회 변화를 주시하고 있고, 유럽연합(EU)은 인공지능에 관한 법을 만들어 개인과 유럽연합 국가들에 대한 인공지능의 주권 침해를 막으려 하고 있다.

AI 기술은 이미 우리 일상생활에 자리 잡았지만, 많은 사람이 이를 인식하지 못하기도 한다. AI의 특징 중 하나는 일단 기술이 작동하면 더 이상 사람들이 AI 활동이라고 의식하지 않은 채로, 주류 컴퓨터 처리 절차로 전환된다는 것이다. 예를 들어, 전화기 반대편에서 자동화된 음성으로 인사를 받거나, AI 추천 시스템에 기반한 영화를 추천받고, 자율주행 자동차를 탑승하는 것처럼 우리는 이미 의식하지 않는 사이에 인공지능을 활용하면서

살고 있다.

이제 21세기는 인공지능이 사회 여러 분야에 활용되는, 이른바 인공지능의 시대가 될 것이다. 그렇게 되면 기계가 인간의 인지를 대신하고, 사물이 인간을 통하지 않고 다른 사물과 직접 커뮤니케이션하게 된다. 이에 따른 인간 삶과 문명 변화를 정확히 이해 · 예측 · 대응하는 것은 이 시대 우리 모두의 과제가 된다.

공상과학 영화에서는 인공지능이 인간을 뛰어넘어 인간을 지배하는 이야기가 나오기도 한다. 인공지능에 발전이 필요하다고 각 기업과 국가가 열을 올리고 있지만, 한편으로 인공지능에 의한 인간 지배, 인간성의 상실 등에 대한 불안도 커지고 있다. 따라서 신뢰할 수 있는 인공지능이 되어야 한다는 주장과 더불어 인공지능의 윤리가 강조되었고 인공지능에 관한 법제 제정을 유럽을 필두로 각국이 검토하고 있다. 인공지능이 우리를 "지배"하게 된다는 상상만으로 공포를 느끼는 사람도 있다. 따라서 인공지능에 대해 일정한 법적 규제를 만드는 논의와 작업은 앞으로 계속 진행될 것이다.

≪헌법과 인공지능≫의 내용

그렇다면 그동안 우리 사회와 국가는 무엇이 "지배"해

왔는가를 반문하게 된다. 당연히 국민주권을 인정하는 국가라면 국민에 의해 국민을 위한 국가 정치 체계를 갖추고, 이를 구현하는 원리와 국가가 보장해야 할 인권을 규정한 헌법을 제정하고 이 헌법에 따라 국가를 통치하고 자국 시민들을 보호해 왔다는 것을 다시 깨닫게 된다. 즉 법에 의한 지배(Rule by law)였다.

이 책에서는 그동안 국민을 주인 되게 만들었던 헌법이 인공지능을 만나 어떠한 이슈와 새로운 변화에 대응하게 되는지, 이야기한다. 그동안 AI에 관하여 윤리적인 논의는 많이 제기되었지만, 결국 AI와 관련한 헌법적인 이슈를 해결하는 것이 선결 문제로 다가오고 있는 현재 이 책은 이러한 이슈에 대한 헌법적 관점을 제시한다.

AI의 등장으로 국가의 최고 규범인 헌법에도 많은 변화가 예정되고 있다. 이 책의 1장에서는 헌법과 인공지능을 정의한다. 2장은 인간 존엄의 내용을 설명하고 AI가 침해할 수 있는 인간의 자율성, 인격권 쟁점을 제시한다. 3장은 챗지피티와 같은 생성형 인공지능과 관련한 개인정보 침해와 개인정보를 보호하기 위한 개인정보 보호법을 설명한다.

4장은 AI가 자동으로 결정하여 발생하는 법적 쟁점과 이러한 AI 자동 의사 결정에 대하여 설명 요구권을 어떻게 법과 기술로 인정할 수 있을까를 기술한다. 5장에서는 민주주의의 개념을 정리하고 AI로 인해 변화될 수 있는 민주주의의 실현 방식에 관해 설명한다. 6장에서는 국가의 통치와 사적인 영역의 지배를 포함한 거버넌스의 개념을 설명하고 디지털과 AI를 활용한 거버넌스 체계에 대하여 설명한다.

7장은 종래 우리의 사법 시스템을 설명하고 AI와 AI 판사가 재판에 어떠한 영향을 미칠 수 있을지 설명하였다. 8장은 국회의 입법 시스템을 설명하고 AI에 의한 입법 시스템을 어떻게 구현할 수 있을지를 기술한다. 9장은 대한민국의 행정 시스템과 AI를 활용한 행정에 대하여 설명한다. 10장에서는 그동안 국제적으로 진행되었던 AI와 관련한 윤리 논의와 AI 권리장전을 알리고 AI에 의한 계약과 인공지능 법제에 대한 미래 과제를 제시한다.

AI와 관련한 헌법적인 이슈에 대한 이러한 대책이 우리에게는 중요한 과제로 다가오고 있다. 이 책에서는 현대 민주주의가 AI를 통해 어떠한 방식으로 변화하게 될지를 적고 있다. AI를 통한 국가의 거버넌스, 사법 시스템, 입법 시스템, 행정 시스템도 변화할 것이다. 이런 때에 국민이 합의한 헌법의 가치를 어떻게 구현할지, 그리고 국제적으로 인정되는 인권이 AI와의 관계에서 어떻게 보장되어야 할지에 대하여 독자에게 생각하는 시간을 주고 싶다.

이 책의 지향점

이 책을 통해 일반인들은 헌법의 현재와 AI를 통해 변화할 수 있는 모습을 생각할 수 있고, 앞으로 우리 사회에 필요한 AI와 헌법 시스템에 대한 다양한 가능성을 볼 수 있다. 고등학생부터 일반인들까지 AI를 통한 사회 변화와 이에 대응하는 헌법의 모습을 이해할 수 있다. 그리고 대한민국의 인권, 그리고 국민의 주권과 입법, 사법, 행정권이 AI를 사용하게 되어 어떻게 그 거버넌스가 달라질 수 있는지에 대한 논의를 알기 쉽게 접할 수 있다. 또 AI와 관련된 미래 사회의 문제를 고찰할 수 있다.

AI와 인권 그리고 AI와 관련된 입법, 사법, 행정권에 대한 이슈는 AI와 관련된 미래 문제를 해결하는 데 중요한 과제다. 이에 대하여는 다양한 논의가 필요하지만, 특히 고등학생을 포함한 일반인들이 이를 이해할 수 있도록 하는 책이 되도록 집필했다. 대한민국의 인권, 그리고 국민의 주권과 입법, 사법, 행정권이 AI를 통해 어떻게 변화될 수 있는지에 대한 논의를 손쉽고 알기 쉽게 제공할 필요가 있다.

이러한 흐름에 발맞추어 이 책은 하나의 핵심 주제를 10개 항목으로 엮은 인공지능 총서의 한 권이다. 본문에서는 헌법과 인공지능을 다루면서 인간과 기술의 현재, 미래를 세심히 분석한다. 인간과 기계의 공존을 위한 다양한 기준을 제시하고 싶다.

헌법과 AI에 대해 쉽게 풀어 쓴 이 책을 학생들에게 널리 읽혀 지식과 지혜의 세계를 넓히는 것이 출간의 목표다. 고교생들이 대학 입학 전에 필요한 다양한 전문 교양 서적을 찾고 있지만, 그중에서 인공지능에 관한 법적 쟁점을 다룬 이 책이 그들의 생각을 정리하고 각종 토론에서 논의를 제공할 기준을 제시하려 한다. 따라서 이 책은 어린 학생들이 인공지능과 관련 제도와 법을 이해할 수 있도록 문체를 구어체에 가깝게 써서 읽기 쉽도록 작성되었다.

집필 중에 다양한 의견을 주신 사이버보안연구소의 이진 소장님과 이화영 부소장님께 감사드린다.

01
헌법과 AI

헌법과 인공지능은 무엇이라 정의할 수 있을까? 헌법에 의한 국가 통치가 인공지능에 의한 지배로 바뀔 수 있을까?

AI와 1인 창업?

헌법은 무엇인가?

한 나라가 지켜야 할 국민의 기본적 인권을 정하고 이를 보장하기 위한 국가기관을 분리하여 그 권한을 부여하는 법이 바로 헌법이다. 영어로는 constitution, 독일어로는 Verfassung이라고 한다. 이를 조선말에서는 국제(國制), 헌장(憲章), 국헌(國憲) 등의 한자어로 소개했다. 이 법이 1899년 대한제국의 국제(國制) 9개 조와 2019년 대한민국임시정부의 헌장(憲章)으로 불리다, 1948년 7월 17일 제정된 건국 헌법에서부터 대한민국 헌법으로 정해졌다. 그런데 건국 헌법 제54조의 대통령 취임 선서에서도 "나는 국헌을 준수하며 국민의 복리를 증진하며 국가를 보위하여 대통령의 직무를 성실히 수행할 것을 국민에게 엄숙히 선서한다"라고 하여 '국헌'이라는 용어가 공존했던 것을 알 수 있다(권영성, 1999). 이 국헌이라는 표현은 이후 1972년 12월 27일 헌법의 대통령 취임 선서 제46조에서도 유지되었다. 1980년 10월 27일 헌법 개정으로 대통령 취임 선서를 수정한 제44조에서 "나는 헌법을 준수하고 국가를 보위하며 민족문화의 발전 및 국민의 자유와 복리의 증진에 노력하고 조국의 평화적 통일을 위하여 대통령으로서의 직책을 성실히 수행할 것을 국민 앞에 엄숙히 선서합니다"라고 규정하게 되면서 완전히 헌법이라는 용어로 통일되었다.

이러한 헌법은, 영국의 명예혁명과 프랑스의 시민혁명 그리고 미국의 독립전쟁 등 서양의 근대화 과정에서 시민의 인권을 보장하도록 인권 목록을 포함한 권리장전을 국가가 인정하면서, 인권 규정을 포함하게 되었다. 인권은 '인간이면 누구나 누릴 수 있는 당연한 권리' 또는 '하늘로부터 부여받아 사람이면 당연히 가지는 권리'라고 말할 수 있다. 이 인권은 헌법 제10조의 "인간의 존엄과 가치"와 같은 헌법의 근본규범과 그 이하 규정을 통하여 구체화하고 있다. 이 인권이 어느 국가의 성문헌법전에 규정되어 구체적 권리로 보장되면 '기본권'이라 부르기도 한다. 우리 헌법 제10조에서는 국가가 "기본적 인권"을 확인하고 이를 보장할 의무를 진다고 규정한다. 특정 국가는 물론 국제사회의 어느 곳에서나 인간에게 보편적이고 공통으로 인정되는 권리를 인권이라고 하는 것이다. 인권은 과거나 현재, 미래를 막론하고 세계 어디서나 보호되어야 하는 것이기 때문에 보편적인 개념이라고 할 수 있다. 이와 같이 헌법, 그리고 헌법에서 보장하려는 인권은 기본적으로 그 나라의 주권자로서 그리고 인격적인 존재로서 인간의 가치를 소중하게 생각하는 인본주의 가치에 근본을 두고 있다. 이는 인간을 고

결한 존재로 보고 인간이 근본이 되어 국가의 주인이 되고 왕이나 신이 아닌 인간이 자유, 평등, 박애와 같은 정신으로 인간 중심의 사회와 국가를 형성한다는 것을 의미한다.

그런데 여기에 큰 돌을 던진 화제가 바로 인공지능이다. 인간을 위해 많은 업무를 대신해 인간을 편하게 할 것으로 기대되는 인공지능은 도대체 무엇이길래 21세기 세상을 뒤흔드는 화제가 되고 있는가?

인공지능이란?

인공지능은 논리와 통제라는 두 가지 요소를 포함한 알고리즘(algorithm)을 통해 문제를 해결한다. 1940년대 이미 '인공신경망(ANN, Artificial Neural Network)' 개념이 등장한 이후 1956년 미국 매사추세츠 다트머스대에서 열린 한 콘퍼런스에서 처음으로 'AI'라는 용어를 사용했다. 초기 AI의 대표 알고리즘이 바로 "If-then(만약 ~ 하면 ~해라)" 룰이었다. 이제 인공지능은 인간의 지적 능력에 의한 일부 또는 전체의 작용을 컴퓨터 공학에 기반하여 구현하고 있다. 이러한 인공지능을 위해서는 기계 학습(Machine Learning)이 필요하며 이 머신러닝은 기본적인 규칙만 주어진 상태에서 입력받은 정보를 활용해 스스로 학습하게 된다. 앞으로 인공지능 발전의 영향으로 우리 사회의 변화도 실로 다양다기할 것으로 예상된다.

인공 신경망은 인간의 뉴런 구조를 본떠 만든 기계 학습을 하는 모델이다. 딥 러닝(Deep Learning)은 입력과 출력 사이에 있는 인공 뉴런들을 여러 개 층층이 쌓고 연결한 인공신경망 기법을 통한 기계 학습 알고리즘을 수행하는 것이다. 뉴로모픽 컴퓨팅(Neuromorphic Computing)은 인공 신경망을 하드웨어적으로 구현, 두뇌 활동 일부를 돕거나 대체하는 것이다. 이를 통하여 인공지능이 스스로 학습을 시작하여 그 알고리즘이 고도로 복잡해지고 있다. 이러한 플랫폼에 의해 AI의 예측력 증대로 인간 사회에서 여러 정치적 현안에 AI가 기여할 영역이 나타날 것으로 보인다.

1970년대는 인공지능 개념의 한계에 봉착하고 통계학을 발전시킨 시기였다. 이때를 인공지능의 암흑기였다고 한다. 그런데 컴퓨터 성능과 알고리즘의 개선은 계속되었고 2015년을 시점으로 AI 붐이 다시 시작되었다. 그리고 이 인공지능의 영향이 사회에 확대되고 사람들이 인공지능에 필요한 윤리와 규제에 관한 일반적인 인식의 공유가 필요함을 인식하게 되면서, 세계적으로 AI

에 관한 원칙을 만드는 작업이 진행되기 시작했다.

각국에서는 인공지능에 관하여 개별 법률의 규정을 도입하려 한다. 저작권법, 특허법, 개인정보 보호법, 부정경쟁방지법과 같은 개별 법에서 인공지능 기술을 고려한 법률의 개정이 진행되고 있다. 인공지능에 관한 일반 법의 검토와 개별 법에서의 변화는 국가 간에도 서로 영향을 주고 있다.

인공지능에 대한 무수한 정의와 개념이 있는데, 최근에 각국에서 이것을 법적으로 정리하고 있다. 대표적으로 인공지능을 먼저 법적으로 규제하기 시작한 곳은 유럽연합(EU)이다.

유럽연합은 세계 최초로 인공지능 규제법을 제정한 것으로 유명하다. EU의 인공지능 법(AI Act)은 2021년 초안이 발의된 이후 2023년 12월까지 종래 안으로 되어 있는 것이 협의되어 2024년 3월 13일 유럽의회에서 승인이 되었고, 이후 EU의 디지털 부문 담당의 장관급 회의를 거쳐 최종 승인되었다.

EU의 인공지능 법에서는 제3조 정의 규정에서 "인공지능 시스템(AI system)은 다양한 수준의 자율성을 가지고 작동하도록 설계된 기계 기반 시스템으로서 배포 후 적응성을 나타낼 수 있고 명시적 또는 묵시적 목적을 위해 수신한 입력을 통해 물리적 또는 가상 환경에 영향을 미칠 수 있는 예측, 콘텐츠, 추천 또는 결정 등의 산출물을 생성하는 방법을 추론할 수 있는 시스템을 의미한다" 라고 규정했다.

EU는 이러한 정의를 통하여 범용 AI인 챗지피티와 제미나이, 코파일럿 등을 규율하려고 한다. 이러한 인공지능 시스템은 미국의 IT 기업에서 개발한 것인데 EU는 법적으로 여기에 대응하게 된다.

한편, 한국에서는 2024년 5월 현재 인공지능 법이 만들어지지는 않았다. 이미 21대 국회(입법기)에 몇 건의 의원 입법이 제출된 바 있다. 이 중 2023년 8월에 안철수 의원이 대표 발의한 '인공지능 책임 및 규제 법안'에서는 제2조 정의에서 ""인공지능"이란 학습, 지각, 판단, 자연언어의 이해 등 인간이 가진 지적 능력을 전자적 방법으로 구현하기 위한 소프트웨어를 말한다"라고 정의했다. 비교적 간단한 정의이지만 이것으로 다양한 인공지능의 개념을 포섭하려 하고 있다. 2024년 5월 30일 개원한 대한민국 제22대 국회에서는 개원 익일인 31일 '인공지능 산업 육성 및 신뢰 확보에 관한 법률안'이 제출되었고, 여기서는 제2조 정의에서 "인공지능"이란 자율성을 가지고 외부의 환경 또는 입력에 적응하여 학습, 추론, 지각, 판단, 언어의 이해 등 인간이 가진 지적 능력을 전자적 방법으로 구현한 것을 말한다고 규정했다.

기타 관련 법안에서는 알고리즘을 "문제의 해결, 업무의 수행 또는 장비 · 장치 · 기기 등의 운용을 위하여 기술(記述)된 연산, 규칙과 절차, 명령 또는 논리의 집합으로 이루어진 체계"로 정의했다. 그리고 인공지능 기술을 "인공지능을 구현하기 위하여 필요한 하드웨어 기술 또는 그것을 시스템적으로 지원하는 소프트웨어 기술 또는 그 활용 기술"로 정의했다.

EU의 인공지능법은 인공지능을 바로 정의하지 않고 인공지능의 시스템을 개념 정의하려 했고, 이에 비하여 대한민국의 입법안은 인공지능을 바로 정의한 것이 차이점이다. 인공지능 자체를 정의하는 것이 쉽지 않은 과제이지만 인공지능은 일단 인간이 정한 목적을 전자적인 방법으로 구현하여 특정 산출물을 생산하는 소프트웨어로 볼 수 있다. 이러한 개념은 논의를 거쳐 대한민국의 인공지능법에서 개념 정의로 정해질 것이다.

인공지능과 헌법, 양자의 관계는

이런 개념 규정만 보면 이러한 인공지능 소프트웨어가 인간을 뛰어넘거나 인간이 구축하고 있는 헌법 질서를 변형할 수 있을 것인가 하는 데는 의문이 생길 수 있다. 인공지능의 발전에 대하여 가지는 지나친 공포는 비현실적이다. 다만 인공지능을 지나치게 과소평가한다면 그것은 오판이 될 것이다. 인공지능이 만드는 변화는 인터넷과 스마트폰이 가져온 세상의 변화 그 이상을 만들게 될 것으로 보인다.

그렇다면 그 인공지능이 초래한 변화는 당연히 한 국가의 질서를 정한 헌법에까지 영향을 미칠 것으로 보인다.

양자 컴퓨터!

특히 기존의 컴퓨터를 1000배 이상 뛰어넘는 연산 성능을 갖춘 꿈의 컴퓨터인 양자 컴퓨터가 활용되면, 양자 컴퓨터를 이용한 인공지능의 능력과 영향은 가히 지금 상상을 초월하는 것이 될 것이다.

양자역학에서는 입자가 동시에 두 가지 상태를 가질 수 있기에 이를 이용하여 컴퓨터의 언어인 0과 1의 두 상태를 동시에 처리하게 되어 기존의 컴퓨터보다 연산 속도가 획기적으로 빨라지게 되고 이것을 인공지능으로 구현하게 될 것으로 예상된다.

참고문헌

권영성(1999). 『헌법학원론』. 법문사.
정인섭(2023). 『신국제법 강의』. 박영사.

02
인간 존엄과 AI

헌법이 보장하는 인간 존엄은 무엇이며 AI가 인간의 자율성, 인격권을 침해하는 사례에는 어떤 것이 있을까? 그리고 인공지능은 사람을 차별하는가? 딥페이크로 타인의 인격권을 침해하는 행위에 대하여 우리는 어떻게 대응해야 할까?

AI와 MBTI?

인간 존엄은 무엇인가?

2016년 3월 이세돌 9단과 알파고의 바둑 대결은 인공지능이 특정 조건과 상황에서 인간의 사고력을 뛰어넘을 수 있음을 보여 주었다(신국미, 2021). 그러다 보니 인공지능이 발전하면 인간의 가치가 무시되고 인간이 인공지능의 노예같이 살게 되는 세계가 올 거라 상상하기도 한다. 필자는 정말 그런 세상이 오지는 않을 것으로 생각한다. 인공지능은 인간을 위해 활용될 것이고 인간성을 말살하거나 인간을 파괴하는 방법으로 인공지능이 활용되지 않도록 인간은 이미 많은 윤리와 법적 제도를 만들고 있기 때문이다.

오히려 인류의 역사를 돌이켜 보면 인간 스스로가 전쟁, 인신매매, 집단 학살 등 인간의 존엄을 침해하는 범죄를 저질렀던 기록이 존재한다. 이렇게 인간의 가치가 말살되지 않도록 하기 위해 헌법에서는 인간의 존엄과 가치를 헌법의 최고 가치로 보장하고 있다(대한민국 헌법 제10조). 인간의 존엄과 가치는 인간으로서의 자주적인 인격과 가치, 인간의 본질로 간주되는 인격의 내용과 인간에 대한 절대적 평가, 정신적 존재로서 개인의 존엄성, 인격성 내지 인격 주체성, 인격의 내용을 이루는 윤리적 가치 등으로 설명된다(성낙인, 2022). 인간의 존엄과 가치를 '인격성 내지 인격 주체성이나 인격의 내용을 이루는 윤리적 가치'라고 이해할 수 있다. 대한민국의 헌법 해석을 책임지고 있는 국가기관인 헌법재판소는 인간의 존엄과 가치가 무엇인가에 관하여 명확한 입장을 밝히고 있지는 않지만, 대체로 헌법 제10조를 인격권의 근거 규정으로 이해하고 개별적 인격권으로는 명예권, 성명권, 초상권, 가정 · 교육 · 사회생활에서의 인격권, 형사 절차 등에서의 인격권 등을 인정해 왔다. 즉 인간은 스스로의 존재가 그 목적이며 가치가 있는 것으로 존중되어야 하고, 인간을 수단시하거나 인간성을 말살하는 어떠한 공권력의 행사나 사적인 폭력 행사도 금지된다.

이러한 인간의 존엄은 헌법에서 보장하는 근본 규정이므로 인공지능이 등장한 세상에서도 국가와 사회에서 놓칠 수 없는 가치다. 이것이 유린되는 전쟁, 인신매매, 집단 학살과 같은 상황이 인공지능의 등장으로 더 가속화해서는 아니 된다. 킬러 인공지능과 같이 인공지능이 인간의 존엄성을 유린하는 기능을 해서는 절대 아니 된다는 것이다.

인공지능과 인간 존엄이라면 이와 같이 인간의 인간 존엄을 인공지능이나 기술로부터 보호하고 보장하기 위한 논의가 된다. 다른 한편으로 인공지능이 인간처럼 존엄을 인정받거나 인격, 혹은 법적 주체로 인정될 수 있도록 해야 한다는 주제로 이해하는 경우도 있다. 그것은 바로 인공지능에 대하여 법인격을 인정할 것인가의 문제로 연결된다.

AI는 법적 인격이 있는가?

정의를 두기 전인 법안 단계에서 EU의 인공지능 법은 인공지능 시스템(AI systems)을 "이 법의 부속서에서 명시된 기법과 방식 중 한 가지 이상을 적용하여 개발된 것으로, 인간이 정한 목적을 위해 콘텐츠 예측, 추천 또는 주변 환경에 영향을 미치는 결정 등의 산출물을 만들어 내는 소프트웨어를 의미한다"라고 정의했다.

그런데 법률상으로는 어떠한 사람 혹은 법인(法人)과 같은 단체에 법적인 행위를 할 수 있는 주체로서 자격을 인정하는 경우 그에게 법인격이 있다고 한다. 즉, 헌법과 각종 법에서 법률행위를 할 수 있는 주체를 우리는 인격 혹은 법인격이라고 하는데 이를 ① 인간과 ② 인간이 활동하는 법인에만 부여하고 있다. 그런데 인공지능에 이러한 법적인 주체의 자격을 부여할 수 있는지에 대한 논의가 있다.

각국 정부와 학자들은 AI 시스템이 야기할 수 있는 피해에 대해, 책임을 질 수 있도록 AI 시스템에 대한 특별한 법적 지위를 제안했다. 예를 들어, 유럽연합 의회는 자율 로봇이 입법 옵션으로 야기할 수 있는 모든 피해에 대한 책임을 지우기 위해 인공지능에게 전자인(電子人) 지위를 가질 수 있도록 하는 솔루션을 제안했다. 이것은 마치 인공지능에게 법인격을 부여하려는 것과 같다. 이렇게 인공지능에게 독자적인 법인격을 부여하는 취지의 '유럽 의회, 로봇 공학에 관한 민법 규칙위원회에 대한 권고와 함께한 2017년 2월 16일 유럽의회 결의안'[2015/2103(INL)]의 내용이 바로 그러한 것이다.

그러나 이러한 생각은 법률적인 규정의 어려움과 철학적 문제에 직면하게 되었다. AI 시스템이 합법적인 지위를 갖고 야기할 수 있는 피해에 대한 책임이 있다고 하더라도, AI 시스템은 스스로 보상을 위해 자금을 조달할 수 없기 때문에, 결국은 정부 · 개발자 · 사용자 또는 기타 이해관계자가 피해를 보상하기 위해 비용을 지불해야 한다. 오히려 인공지능의 법적 인격을 인정하면 인공지능의 개발자와 사용자에게 주어져야 할 법적 책임을 회피하는 논리로 활용될 우려가 있다. 따라서 한국에서는 아직 인공지능에 법적인 책임과 권리의 주체가 되는 법적 인격, 즉 법인격을 인정하지 않는다. 헌법상 인권과 권리의 주체는 인간인 자연인(自然人), 이러한 인간이 독립적인 조직체로 구성한 법인(法人)에게만 인정되고, 태아(胎兒)나 사자(死者)는 예외적인 경우—사망한 사람에 대한 저작권의 인정이나 죽은 자에 대한 명예훼손으로부터의 인격권 보호 등—에만 인권의 주체로 인정된다.

한편, 2018년 일본에서 AI와 빅데이터를 이용한 정책입법안을 추진해야 한다며, 당내에 최고기술책임자를 두어야 한다는 자민당의 제안이 있었다. 핀테크와 인슈테크(보험+기술)의 유행을 따라 정치와 행정의 장에서도 AI를 활용한다는 취지의 의견이 제시된 것은 이해할 수 있지만, 헌법상 논의되어야 할 문제가 적지 않다.

미국에서는 인공지능 알고리즘에 대하여 이미 다양한 규제적·비규제적 수단을 적용하고 있다(방정미, 2021). 아실로마 AI 원칙은 산업계, 법조계, 학계 관계자가 2017년 1월 캘리포니아 아실로마에 모여 선포한 23개 항목의 AI 기술 개발을 위한 원칙이다. 23개 항목은 윤리와 가치에서 안전, 실패의 투명성, 사법적 투명성, 책임성, 가치 일치, 인간의 가치, 개인정보의 보호, 자유와 프라이버시, 공동 이익, 공동 번영, 인간 통제, 사회 전복 방지, 인공지능 무기 경쟁, 장기적 이슈에서 능력주의, 중요성, 위험성, 자기 개선 순환, 공동의 선 등이다. 여기에는 인공지능이 "보안성과 신뢰성을 확보하고, 인류의 가치, 공동의 이익 및 번영과 부합하는 방향으로" 개발되어야 한다는 내용을 포함하고 있다. 2017년에 전기 · 전자기술자협회(IEEE) AI 윤리도 정비되었다. 이것이 미국 내에 AI 어플리케이션 및 거버넌스에 상당한 영향을 미쳤다(손형섭, 2021).

정말, AI가 인간에게 위해를 가한 경우 누가 어떻게 책임을 질 것인가? 민법에서는, 피해자가 가해자에게 손해배상책임을 추궁할 수 있으나, 그 책임이 인정되기 위해서는, 법률적으로 가해자에게 "고의 · 과실"(의도적으로 했거나, 한 행위에 부주의가 있는 경우)이 필요하다. AI 제품을 제조 · 판매한 제조 회사 및 시스템 개발 회사에 대해서도 "고의 · 과실"이 있는가가 문제 된다. 이들 기업에 대하여 제조물 책임을 추궁하는 것도 생각할 수 있는데, 한국의 제조물책임법에서는 기업에 과실이 없더라도 제품에 "결함"이 있는 경우에 책임을 추궁할 수 있다. 그러나 어떨 때 AI 제품에 결함이 있다고 할 수 있는가는, 현시점에서 확립된 해석이 존재하지 않는다. 덧붙여, AI가 일으킨 사고의 형사책임에 대하여도 그 성립에는 고의 · 과실이 필요하다는, 같은 문제가 발생한다(이에 대한 추가 설명은 10장 'AI에 관한 남은 과제', AI 계약의 유효성에서 설명한다).

AI는 인간 존엄에 어떠한 영향을 주는가?

미래 사회에는 인공지능이 사회에 미치는 영향이 클 것으로 예상된다. 나아가 인공지능이 발전하여 인간의 지적 능력의 총합을 넘어서는 싱귤래러티(singularity) 지점이 올 것이라며 미래와 AI에 대해 불안과 두려움을 품는 사람도 있다. 예를 들어 군사용 로봇으로 활용되는 인공지능이 공격용 무기로 인간을 공격할 때 이를 방어하는 인간의 능력이 인공지능에 뒤지게 되면 적당한 방어 수단이 없게 된다. 따라서 어떤 과학자는 이렇게 인간의 생존을 침해하는 인공지능을 멈추기 위한 스위치, 즉 킬 스위치를 만들어 두어야 한다고 한다. 이것을 로봇 3원칙으로 주장하며, "① 로봇은 인간을 다치게 해서는 안 되며 인간이 다치도록 방치해도 안 된다. ② 법에 위배되지 않으면 로봇은 인간의 명령에 복종해야 한다. ③ 앞의 ①, ②에 위배되지 않는 한 로봇은 스스로를 보호해야 한다"라는 것이다.

따라서 인간을 위한 AI 사회 구현을 추진하기 위해서는 사람들이 AI를 수용하여 사회 전체를 위해서 AI를 잘

다룰 수 있도록 AI 사회 원칙이 필요하다. AI의 활용이 현실화한 2010년 이후 미국, 유럽, 일본 등은 인공지능 기술의 구현과 함께 AI 관련 정책, 윤리 규정, 윤리 가이드라인 등이 연구되고 만들어지고 있다.

물론 EU의 인공지능 법은 위험(risk)의 정도에 기반하여 네 개로 인공지능을 분류하고 그에 따라 규제 강도를 달리한다. 이 중 고위험 인공지능에 대해서는 사람이 감독하고 위험 관리 시스템을 구축해야 한다. 인공지능을 활용하여 개인 데이터를 수집해 개별 점수를 매기거나 인터넷이나 폐회로 텔레비전(CCTV)에서 얼굴 이미지를 무작위로 수집하는 행위 등은 EU 내에서 금지된다. 또한 실제 사람의 외모와 목소리를 닮은 생성 AI가 만든 이미지와 소리에 대해서는 AI가 만든 것인을 명확히 밝혀 투명성을 확보해야 한다. 제재 수단으로 EU 집행위원회는 위반 기업에 3500만 유로(약 518억 원) 또는 글로벌 매출의 7%에 해당하는 금액 중 더 많은 금액의 벌금을 부과할 수 있다. 이를 통하여 EU는 새로운 AI 인증평가 기관을 신설하고 AI 법의 집행 및 관리를 하게 된다.

자율성 침해

인공지능으로부터 인간 존엄성을 지키기 위해서 인공지

능으로부터 발생하는 차별과 혐오를 막기 위한 노력도 계속 진행되어야 한다. 인간의 존엄성에서 도출되는 권리로는 인간의 자기 결정권, 성적 자기 결정권, 개인정보 자기 결정권 같은 결정권들이 존재한다. 인공지능이 예측과 추천 시스템으로 인간을 압도하려 해도 결국 인간이 최종적으로 중요한 결정을 스스로 하거나 인공지능의 결정을 검토하고 비판하여 재고할 수 있도록 하는 과정을 항상 두는 것이 인공지능 시대에도 인간의 존엄성을 지키는 중요한 절차가 될 것이다. 이것을 법학에서는 적법절차(due process) 원칙이라고 한다.

인격권 침해

딥페이크로 타인의 얼굴을 사용한 포르노 그래픽을 만들어 배포한다면 해당 얼굴에 대한 초상권 침해가 됨은 물론, 음란물 유포죄에 해당한다. 해당 영상을 통해 피해자는 큰 인격적 침해를 당하게 된다. 딥페이크 기술로 실제 개인의 인격권을 침해하고 거짓 정보를 생산하여 유통하는 문제도 일어나게 된다.

이미 서울대n번방 사건이라고 하여, 개인의 초상권을 침해하고 나아가 인격권을 침해하여 딥페이크 포르노를 제작한 사건이 발생한 바 있다. 서울대학교 졸업생 남성들이 동문 후배 여학생의 얼굴 사진을 합성하여 소위 딥페이크 음란물을 만들어 텔레그램에 유포하여 피해자가 총 61명에 달한 사건이었고, 2024년 관련 업계에 쟁점이 되었다. 처음에는 피해자들이 경찰에 고소해도 경찰은 "수사가 어렵다. 피의자 특정이 어렵다"고 답변했고 검찰에서도 불기소했는데, 피해자들이 해당 검찰청 소속 고등법원에 검사의 불기소처분에 대해 재정 신청을 한 것이 받아들여져 공소 제기가 되었다. 그만큼 인공지능을 활용한 딥페이크 포르노의 제작과 배포와 같은 사건은 수사기관에서도 수사 · 기소하는 것이 쉽지 않았다. 이와 관련해 2024년 5월 23일 서울대학교 총장이 직접 이 사건에 대하여 사과를 했고 24일 이원석 검찰총장도 이 사건에 대하여 공소 유지에 최선을 다하라 당부했다.

인공지능을 활용하면 누구나 개인의 얼굴 사진이나 목소리를 사용하여 그 사람의 인격권을 침해하는 행위를 하는 것이 기술적으로 쉬워진다. AI를 활용하여 딥페이크 영상을 만드는 것은 물론 나아가 포르노를 만드는 것도 어렵지 않다. 또 AI를 활용해서 목소리를 위조하면서 보이스피싱과 같은 범죄가 더욱 기승하게 될 우려가 높다.

따라서 우리는 이러한 AI 기술이 사람의 인권을 침해

하는 데 활용되지 않도록 법률과 기술적인 제한 조치를 만들 필요가 있다. 이러한 내용은 헌법의 정신과 헌법 제37조 제2항 "국민의 모든 자유와 권리는 국가안전보장·질서유지 또는 공공복리를 위하여 필요한 경우에 한하여 법률로써 제한할 수 있으며, 제한하는 경우에도 자유와 권리의 본질적인 내용을 침해할 수 없다"에 따라 만들어지는 법적 조치가 된다.

현재, 딥페이크 포르노에 대해서는 AI 생성 콘텐츠 표시를 의무화하는 방안을 담은 정보통신망법 개정안이 국회에서 논의되고 있다. 2024년 6월까지 딥페이크 포르노에 대한 제재는 성폭력범죄처벌법에서만 처벌 근거를 두었다.

성폭력처벌법 제14조의2(허위영상물 등의 반포등)에서는 제1조에서 "① 반포등을 할 목적으로 사람의 얼굴·신체 또는 음성을 대상으로 한 촬영물·영상물 또는 음성물을 영상물등의 대상자의 의사에 반하여 성적 욕망 또는 수치심을 유발할 수 있는 형태로 편집·합성 또는 가공한 자는 5년 이하의 징역 또는 5천만원 이하의 벌금에 처한다. ② 제1항에 따른 편집물·합성물·가공물 또는 복제물을 반포등을 한 자 또는 제1항의 편집 등을 할 당시에는 영상물 등의 대상자의 의사에 반하지 아니한 경우에도 사후에 그 편집물등 또는 복제물을 영상물등의 대상자의 의사에 반하여 반포등을 한 자는 5년 이하의 징역 또는 5천만원 이하의 벌금에 처한다. ③ 영리를 목적으로 영상물등의 대상자의 의사에 반하여 정보통신망을 이용하여 제2항의 죄를 범한 자는 7년 이하의 징역에 처한다. ④ 상습으로 제1항부터 제3항까지의 죄를 범한 때에는 그 죄에 정한 형의 2분의 1까지 가중한다." 따라서 딥페이크 포르노는 편집, 합성, 가공하거나 이를 반포한다면 형사처벌할 수 있다.

이 규정은 2024년 9월 전국의 중학교에서 발생한 딥페이크 영상 사건에 대처하기 위해, 2024년 10월 16일 개정되어 성폭력처벌법 제14조의2 제1항과 2항의 처벌규정 "5년 이하의 징역 또는 5천만원 이하의 벌금에 처한다"를 "7년 이하의 징역 또는 5천만원 이하의 벌금에 처한다"로 상향했다. 그리고 제3항은 "7년 이하의 징역"에서 "3년 이사의 유기징역"에 처하도록 개정되었다. 그리고 같은 조 제4항을 신설하여 "제1항 또는 제2항의 편집물등 또는 복제물을 소지 · 구입 · 저장 또는 시청한 자는 3년 이하의 징역 또는 3천만원 이하의 벌금에 처한다"고 규정하여, 딥페이크 편집 · 복제물의 "소지 · 구입 · 저장 또는 시청한 자"를 처벌할 수 있게 되었다. 다만, 이

조문은 과도한 입법이라는 비판과 다툼이 따를 여지가 있다.

그리고 공직선거법 등에서도 개별적인 대처를 하고 있다. 2024년 개정 공직선거법에서는 딥페이크 영상 등을 이용한 선거운동을 금지하기 위하여 제82조의8에서 "① 누구든지 선거일 전 90일부터 선거일까지 선거운동을 위하여 인공지능 기술 등을 이용하여 만든 실제와 구분하기 어려운 가상의 음향, 이미지 또는 영상 등(이하 "딥페이크영상등"이라 한다)을 제작 · 편집 · 유포 · 상영 또는 게시하는 행위를 하여서는 아니 된다. ② 누구든지 제1항의 기간이 아닌 때에 선거운동을 위하여 딥페이크영상등을 제작 · 편집 · 유포 · 상영 또는 게시하는 경우에는 해당 정보가 인공지능 기술 등을 이용하여 만든 가상의 정보라는 사실을 명확하게 인식할 수 있도록 중앙선거관리위원회규칙으로 정하는 바에 따라 해당 사항을 딥페이크영상등에 표시하여야 한다"라고 규정했다. 그리고 동법 제250조 허위사실공표죄 제4항에서 본조 제82조의 8 제2항을 위반하여 중앙선거관리위원회 규칙으로 정하는 사항을 딥페이크 영상 등에 표시하지 아니하고 허위 사실을 유포한 자에 대하여 처벌하도록 규정을 두었다.

앞으로는 인공지능으로 타인의 음성파일을 만들어 부당하거나 불법하게 사용하는 경우에도 프라이버시 침해를 넘어 형사처벌 규정을 둘 수 있도록 검토해야 한다. 인공지능을 사용한 신종 범죄와 인간의 존엄성과 인격권을 말살하는 행위를 규제할 수 있도록 대비해야 할 상황이다.

차별 문제

헌법에서 인간의 존엄과 기치는 국가가 국민들에게 보장해야 할 기본적 인권의 상위 개념이다. 인권은 헌법 제10조의 "인간의 존엄과 가치"와 같은 헌법의 근본 규범과 그 이하 규정을 통하여 구체화하고 있다. 인권은 행복추구권(헌법 제10조), 평등권(제11조), 신체의 자유와 인신 보호(제12조, 제13조), 양심의 자유(제19조), 종교의 자유, 학문의 자유, 예술의 자유, 언론 · 출판의 자유, 집회 · 결사의 자유, 사생활의 비밀과 자유, 통신의 비밀과 자유, 직업의 자유, 재산권, 단결권 · 단체교섭권 · 단체행동권, 인간다운 생활을 할 권리, 근로 · 교육을 받을 권리 등의 목록으로 우리 헌법에서 보장된다(손형섭 외, 2021).

이 중에서 차별 문제는 헌법 제11조 평등권에서 다루

그림 2-1. 2016년 하버드 교수회관(Harvard Faculty club)에서 스위니 교수와 저자.

어지는 쟁점이다. 인공지능을 통한 차별에 대해서는 미국 등 해외에서 많은 문제가 제기되었다. 하버드대 기술과 정책의 라타냐 스위니(Latanya Sweeney) 교수는 흑인들이 주로 쓰는 이름을 구글에서 검색하면, 백인들이 많이 쓰는 이름으로 검색한 경우보다 더 많은 범죄 활동이 검색되고 범죄에 노출될 확률이 25%나 된다는 연구 결과를 발표하여 구글 알고리즘의 문제점을 지적했다(정보인권, 2023).

인공지능은 안면 인식 기술(Facial recognition system)에서 많이 사용되는데 사람의 얼굴로 특정인임을 인증하여(authentication) 입출입 혹은 은행 계좌에 접근을 허용할 수 있다. 또한, 얼굴 식별(identification)을 통하여 사람을 대량 감시할 수도 있다. 미국 표준과학연구원(NIST)에서는 안면 인식 기술의 평가에서 IBM의 경우 남성보다 여성의 오차율이 크게 나타나 안면 인식 기술에서 여성에 대한 오류가 높게 나타났다. 나아가 백인 남성과 흑인 여성의 오차율은 각기 0.3%와 34.7%로 오차가 매우 크다고 발표했다. 이러한 이유로 2019년부터 미국에서 경찰이 사용하는 안면 인식 프로그램의 인식 오류로 무고한 흑인 남성이 범인으로 체포되었다고 풀려난 사례가 다수 발생하고 있다(정보인권, 2023). 아직 인공지능은 완벽하지 않으며 이를 인간을 위해 사용하기 위해서는 더 많은 준비와 고려가 필요한 상황이다.

참고문헌

방정미(2021). 인공지능 알고리듬 규제거버넌스의 전환- 최근 미국의 알고리듬 규제와 인공지능 윤리원칙을 중심으로. ≪공법연구≫, 제49집 제3호.

성낙인(2022). 『헌법학』. 법문사.

정보인권(2023). 인공지능과 정보인권. ≪정보인권≫, 2023(12).

'성폭력범죄의 처벌 등에 관한 특례법'(시행 2024.1.25. 법률 제19743호).
손형섭(2021). 디지털 전환(Digital Transformation)에 의한 미디어 변화와 언론관계법 연구. ≪헌법학연구≫, 제27권 제3호.
손형섭 외(2021). 『미디어를 통해서 배우는 법학 기초』. 박영사.
신국미(2021). "인공지능과 인간의 존엄성". ≪부동산법학≫, 제25권 제1호.
이제영(2018). 핀테크 산업 확대에 따른 정책과제와 발전방향. ≪한국통신학회논문지≫, 43(9), 1550-1560쪽.
AI 타임즈(2024.5.24.). EU, AI법 최종 승인...'챗GPT' 등은 유예 기간 부여, https://www.aitimes.com/news/articleView.html?idxno=159878
Asilomar-AI-Principles(2017.1.5~8).
European Parliament, European Parliament Resolution of 16 February 2017 with Recommendations to the Commission on Civil Law Rules on Robotics (2015/2103(INL)).
Ethically Aligned Design: A Vision for Prioritizing Human Well-being with Autonomous and Intelligent Systems, First Edition, 2016, 2017.
IEEE P7000 윤리적 AI 표준 프로젝트.

03
AI와 개인정보 보호

챗지피티와 같은 생성형 인공지능과 관련한 개인정보 침해에는 어떠한 것이 있고, 이러한 개인정보를 보호하기 위한 개인정보 보호법에는 어떠한 내용이 담겨 있는가? 앞으로 인공지능에게 사용을 허용할 수 있는 개인정보에는 어떠한 것이 있고 어떠한 방법으로 그 처리를 허용할 수 있을까?

AI와 난임 극복?

생성형 인공지능과 개인정보 이슈

챗지피티(ChatGPT)가 2023년 3월에 공개된 이후, 생성형(generative) 인공지능이 우리 삶의 많은 것을 바꾸게 될 것이라는 전망을 사람들이 공유하게 되었다. 그동안 인공지능(AI) 기술은 시리(Siri), 알렉사(Alexa) 같은 가상 비서부터 자율주행 로봇까지 점점 더 보편화되어 왔다. 2022년 11월 30일 오픈AI가 세상에 공개한 챗지피티와 같은 생성형 인공지능도 등장했는데, 이러한 인공지능은 많은 개인정보를 포함한 많은 정보를 가공하고 제공하게 되어 이러한 정보 중 개인정보의 처리에 대하여 어떠한 보호와 대책을 세울 것인지가 인공지능의 활용과 발전의 전제 조건이 되었다. 개인정보의 적정한 보호와 취급이 전제되지 않으면 인공지능의 활용과 발전은 한계에 직면하게 될 수 있다.

이미 미국의 조직에서 인공지능과 머신러닝 도구를 더 많이 채택하지 못하게 만드는 요인이 무엇인지 묻는 질문에 응답자의 29%는 윤리적 및 법적 문제를 언급했고, 34%는 보안 문제를 꼽았다. 이러한 혁신으로 인해 AI 개인정보 보호라는 시급한 우려가 제기되었다.

인공지능의 발전에도 우리는 헌법이 보장하는 인간의 존엄과 행복 추구권(헌법 제10조)과 사생활의 비밀과 자유(제17조)를 보장해야 하며 이를 위한 권리로 개인정보 자기 통제권을 보장해야 한다. 헌법재판소는 주민등록법상 지문을 날인하도록 한 규정에 대한 결정을 하면서, 개인정보 자기 결정권이라는 독일식 용어를 사용하여 "자기 정보에 대한 통제권으로 자신에 관한 정보가 언제 누구에게 어느 범위까지 알려지고 또 이용되도록 할 것인지를 그 정보 주체가 스스로 통제하고 결정할 수 있는 권리이며, 정보 주체가 개인정보의 공개와 이용에 관하여 스스로 통제하고 결정할 권리를 말한다(헌법재판소 2005.5.26. 99헌마513, 주민등록법 제17조의8 등 위헌확인)"라고 설명했다.

인공지능은 인간을 위해 사용되어야 하며 인공지능이 개인의 정보를 무단으로 사용하고 그것을 공개 및 조작하여 개인의 인격권 및 기타 권리를 침해해서는 아니 된다. 즉 AI 개인정보 보호를 보장하려면 데이터가 매우 가치 있는 시대에 기술 혁신과 개인정보 보호 사이의 균형을 모색해야 한다.

이미 사회관계망서비스(SNS) 정보 등을 이용하여 광고 시장에서 타기팅 광고를 보내는 기업이 인공지능을 활용하여 글로벌한 거대 시장을 형성하고 있다(김도엽, 2022). 채용 시장에서도 기존의 성과가 좋은 임직원의 자기소개서나 데이터를 추출하여 신규 입사 지원자의 서류 전형에 적용하거나 안면 인식 기술을 이용하여 입사 지원자를 평가하는 방식 등으로 인공지능을 활용하여 채용 절차를 진행하기도 한다. 금융 분야에서도 부정행위를 탐지하는 기술이나 신용 평가에서 인공지능이 활용된다. 의료 분야, 공공 분야에서는 범죄 통계 분석이나 대중교통 분석 시스템을 통해 사회적 편익을 증가시키고 있다(김도엽, 2022).

그런데 인공지능은, 자율성을 가지고 외부의 환경 또는 입력에 적응하여 학습, 추론, 지각, 판단, 언어의 이해 등 인간이 가진 지적 능력을 전자적 방법으로 구현한 것으로 특히 생성형 인공지능은 전자적 방법으로 글, 소리, 그림, 영상 등의 결과물을 다양한 자율성의 수준에서 생성하도록 하고 있다.

이러한 인공지능이 계속 발전하면서 개인정보 보호에 관한 수많은 우려가 제기되고 있다. 개인의 데이터는 물론 초상권, 음성권 등이 침해될 수 있다. 이를 통해 관련된 인격권이 침해될 수 있다. 아이돌의 얼굴 사진을 활용한 딥페이크 포르노는 해당 인격권 침해를 넘어 심각한 범죄이며 그 처벌과 단속이 시급한 상황이다. 나아가 AI 시스템은 학습하고 예측하기 위해 대량의 개인 데이터에 의존하는 경우가 많으며, 이는 그러한 데이터의 수집, 처리 및 저장에 대한 우려를 불러일으킨다(The Economic Times).

예를 들어 인공지능이 과속하는 차를 인식하여 그 차를 촬영하였는데, 마침 지나가던 다른 차량이나 사람이 함께 촬영되었을 수도 있다. 이러면, 본인들이 인식하지 못한 사이에 사생활이 침해되었다고도 볼 수 있을 것이다. 그 때문에 인공지능이 정보를 수집하는 구간을 명시하고, 그렇게 모인 정보가 악용되지 않도록 심혈을 기울여야 할 것이다. 여기서 학습 데이터의 관리, 개인정보의 보호, 그리고 보안의 강화는 기본적인 전제가 되어야 한다.

AI는 기존 데이터 처리와는 달리 복잡하고 다면적인 개인정보 보호 문제를 야기한다. ① 데이터의 양과 다양성. AI 시스템은 기존 시스템보다 기하급수적으로 더 많은 데이터를 소화하고 분석할 수 있어 개인 데이터 노출 위험이 높아진다. ② 예측 분석. AI는 패턴 인식과 예측 모델링을 통해 개인의 지식이나 동의 없이도 개인의 행동과 선호도를 추론할 수 있다. ③ 불투명한 의사 결정. AI 알고리즘은 투명한 추론 없이 사람들의 삶에 영향을 미치는 결정을 내릴 수 있어 개인정보 침해를 추적하거나 이에 대해 대응하는 것을 어렵게 만든다. ④ 데이터 보안. AI가 효과적으로 작동하는 데 필요한 대규모 데이터 세트는 사이버 위협의 매력적인 표적이며 위험을 증폭한다.

소셜 미디어 플랫폼, 검색 엔진, 온라인 마켓 플레이스를 통해 수집된 개인 정보는 상업적 또는 정치적 목적으로 사용될 수 있는 엄청난 양의 데이터를 만들어 냈다. 이 데이터를 처리하기 위해 AI 알고리즘을 사용하면 이 데이터가 어떻게 사용되는지, 누가 이에 액세스할 수 있는지, 오용이 개인정보 보호에 어떤 영향을 미칠 수 있는지에 대한 우려가 제기된다.

그러나 일단 개인정보의 침해로 발생한 금융이나 행정 관련 범죄, 그리고 본인의 목소리와 얼굴을 도용한 범죄에 직면하게 되면 문제가 심각해진다.

케임브리지 애널리티카 사건

이미 영국의 정치 컨설팅 회사인 케임브리지 애널리티카(Cambridge Analytica)라는 회사가 동의 없이 수집된 방대한 양의 페이스북 사용자의 개인정보를 활용하여 2015년부터 2016년 미국 대통령 선거 시기 도널드 트럼프(Donald Trump)의 선거운동, 영국 브렉시트 국민 투표 등에 개입한 사실이 밝혀졌다(정보인권, 2023). 2018년, 페이스북은 케임브리지 애널리티카에 페이스북 사용자 5000만 명의 데이터가 불법적으로 전달되었다는 사실을 인정하였고, 이 사건은 엄청난 개인정보 유출 사건으로 평가되었다.

이 사건은 단순히 개인정보 유출이 문제 된 것을 넘어 국민의 정치 의사를 표현하는 선거에서 유권자의 성향과 개인정보를 유출 및 분석하여 선거에 기술적 개입이 가능할 수 있다는 우려를 높이게 되었다.

이 사건에 대하여 세계 개인정보 보호 당국은 적극적으로 대응하여 영국 개인정보 보호 당국(ICO)은 법정 최고 벌금인 59만 파운드(약 10억 원)를 부과하고, 2019년 7월 미국 연방거래위원회는 50억 달러(약 6조7000억 원)의 벌금과 시정 조치를 부과했다. 2020년 대한민국에서도 페이스북이 제3자 앱을 통해 개인정보를 무단으로 제공한 것에 대하여 과징금 67억 원을 부과했다(정보인권, 2023).

이러한 데이터 분석을 위해 사람의 의사를 조정하는 행태는 인공지능을 활용하면 더욱 복잡하고 교묘한 방법으로 실현될 수 있다. 따라서 기본적으로 개인정보의 보호와 정치적 성향의 분석 금지가 필요한 상황이다.

인공지능에 대한 개인정보 대책

인공지능 분야의 개인정보 처리 원칙을 정하기 위하여 개인정보보호위원회는 2021년 인공지능 개인정보 보호 자율점검표를 발표했다. 여기서는 인공지능 관련 개인정보를 정보 주체의 동의, 가명 처리 등 적법한 방법으로 수집하여 예측 가능하고 허용된 목적 범위에서 이용하고 안전하게 관리하는 것을 목표로 하고 있다. 이 자율점검표는 개인정보 취급의 기획 · 설계에서 개인정보 수집, 그리고 개인정보 이용 · 제공, 개인정보 보관 · 파기, AI 서비스 관리 · 감독, AI 서비스 이용자 보호 및 피해구제, 개인정보 자율 보호 활동, AI 윤리 점검의 단계로 진행된다.

최근 개인정보 보호법에서 사전 적정성 검토 제도를 통해 인공지능 등 신규 서비스 · 기술 분야에서 개인정보 보호법을 준수하는 방안을 개인정보보호위원회와 사업자가 함께 마련하고 있다(아주경제, 2023).

그런데 유럽연합(EU)의 인공지능법(Artificial Intelligence Act)에서와 같이 고위험 인공지능 기술에 관한 사전 영향 평가나 개인의 내밀한 데이터를 사용하는 인공지능에 대한 사전 영향 평가 제도를 사용해야 한다는 논의가 있었다. 그러나 개인정보 영향 평가와 같이 현존하는 제도 시행 과정에서도 민간 기업에 적용하는 경우에는 규범적, 현실적 어려움이 많이 있다. 따라서 시시각각 변화하고 있는 인공지능 기술에 대한 사전 영향 평가가 준비가 덜 된 규제 수단으로 먼저 기술의 길목을 막게 될 수 있다는 우려도 있다. 특히 이러한 제도가 AI를 활용하는 표현에 대해 제한하게 되면 헌법 제21조 언론·출판에 대한 허가나 검열에 해당할 우려가 있다. 따라서 우리나라에서는 인간의 여러 과학적 행동에 대하여 다양한 비판과 견제는 가능하지만, 법적으로 정비된 사전 평가 제도를 통과해야만 사용하거나 상용할 수 있도록 하는 사전 허가 제도를 두고 있지는 않다.

인공지능의 데이터에 개인의 자기 정보의 주요 통제 대상이 되는 주민등록번호, 신용카드 번호 등 주요 개인 정보가 포함되는 것을 막도록 해야 한다. 이미 2024년 개인정보보호위원회는 "오픈에이아이, 구글, 메타는 온라인 에스엔에스(SNS) 같은 개인정보 집적 사이트를 인공지능 모델 학습에서 배제하고, 학습데이터 내 중복 및 유해 콘텐츠를 제거하는 조치와 인공지능 모델이 개인정보를 답변하지 않도록 하는 조치는 적용하고 있으나, 학습 데이터에서 주민등록번호 등 주요 식별 정보를 사전 제거하는 조치가 충분하지 않은 것으로 확인"했다(한겨레, 2024). AI가 개인 데이터를 수집할 때 해당 데이터의 수집, 사용 및 처리가 개인정보 보호법을 준수하는지 확인하는 것이 중요하다.

챗봇 이루다와 대책

2020년 12월 스캐터랩이 출시한 AI 챗봇 이루다는 이용자들 간의 채팅을 목적으로 설계된 연애 분석 앱 '연애의 과학'과 '텍스트앳'으로 이용자들 카톡 대화를 수집해 챗봇 인공지능을 학습시킴으로써 탄생했다. 그러나 개인정보보호위원회는 개인정보가 수집 목적 범위를 벗어났다는 이유로 과징금을 부과했다. 여기서 악성 이용자들의 성희롱 발언, 이루다의 혐오 발언, 개인정보 유출 등이 쟁점이 되었다. 역시 학습 데이터에 대한 가명 처리, 선정적 공격적 편향적 어뷰징에 대응할 시스템을 갖출 필요가 있었다. 그리고 정치, 신조, 종교 등 민감한 정보 취급에 관한 규정과 기술적 대응이 필요했다. 개인정보의 적정한 처리가 문제 되었다는 것을 알 수 있다.

생성형 인공지능에 프롬프트로 개인정보를 입력할 때 혹은 개인정보를 추출할 때 문제가 발생할 수 있는데 그렇기 때문에 기본적으로 개인정보를 입력할 때 유의할 필요가 있다. 그리고 생성형 AI가 개인정보를 출력하는 정보에서 ① 전과, ② 명예훼손적 · 모욕적 데이터, ③ 부정확한 개인정보, ④ 알려지지 않은 비밀, 프라이버시를 공개하게 되면 문제가 발생한다. 이 경우 출력 정지 청구를 할 수 있는가가 문제 된다.

생성형 인공지능에 프롬프트로 개인정보를 입력 혹은 개인정보를 추출할 때 발생하는 개인정보 문제 중 위와 같은 네 가지 법적 문제가 되는 정보를 제공하는 경우에는 이러한 정보의 출력 정지 청구, 삭제 청구, 정정 청구를 할 수 있도록 해야 하며, 나아가 다인의 개인정보 제공에 대하여도 해당 결괏값이 오류이거나 인격권을 침해하는 정보라는 문제를 제기할 수 있도록, 즉 타인을 위한 이의 제공 및 수정 의견을 제기할 수 있도록 하여, 집난시성을 통한 개인정보의 투명성을 확보하는 절차도 검토해 볼 필요가 있다.

안전하고 공정한 AI 개발에 대한 정부의 약속이 기술 진보와 균형을 이룰 수 있는 환경을 조성하는 데 중요한 역할을 한다. 과도하거나 부적절하거나 잘못 배치된 규제는 채택을 늦출 수 있으므로 올바른 균형을 유지하려면 학제 간의 협의적인 접근 방식이 필요하다.

앞에서 기술했지만, 딥페이크 포르노에 대해서는 AI 생성 콘텐츠 표시를 의무화하는 방안을 담은 정보통신망법 개정안이 국회에서 논의되고 있고, 2024년 10월 개정 성폭력범죄처벌법에서 딥페이크 음란물을 편집 · 합성 또는 가공한 자는 7년 이하의 징역 또는 5000만 원 이하의 벌금에 처할 수 있도록 했다. 인공지능으로 타인의 음성 파일을 만들어 부당하거나 불법하게 사용하는 경우에도 프라이버시 침해를 넘어 형사처벌 규정을 둘 수 있도록 검토해야 하고, 새로운 인공지능을 통한 개인정보의 침해와 사용 및 유출에 대하여 대응할 입법을 검토해야 한다.

대한민국의 개인정보 보호법도 인공지능을 고려하여 여러 가지 개정 조항이 만들어졌다. 디지털 개인정보 보호 문제는 개인과 연결될 수 있는 디지털 데이터의 수집, 저장 및 처리를 중심으로 이루어진다. 인터넷과 소셜 미디어의 등장으로 디지털 개인정보 보호가 중요한 관심사가 되었다. 방대한 양의 데이터를 처리하는 데 AI를 사용하면 디지털 개인정보 보호 문제가 더욱 복잡해진다.

한편, 생성 AI가 제공한 개인정보를 믿고 법률 행위를 한 사람은 그것만으로 ① 법적인 책임이 면책되지 않기 때문에 ② 스스로 AI가 제공한 정보를 검토한 후 판단하여 행동할 책임이 있다는 것을 주의해야 한다.

개정 개인정보 보호법은 이동형 영상정보처리기기 운

영 기준 마련(제25조의2)을 정비하며 인공지능을 전제로 한 개인정보 보호 시스템을 고려했다. AI 개인정보 보호는 인공지능 시스템에 의한 개인정보의 윤리적 수집과, 저장 및 사용을 중심으로 한 일련의 관행의 상호 경쟁이다. 인공지능과 개인정보 보호 사이에는 충분한 긴장 관계가 있으며, 사람의 개인정보 보호와 인간에게 이롭고 신뢰할 수 있는 인공지능의 효과적인 활용이 가능하도록 법과 정책 및 관련 제도를 정비하려는 고려는 계속되어야 한다.

참고문헌

개인정보보호위원회(2021). 인공지능(AI) 개인정보보호 자율점검표.

김도엽(2022). 『인공지능에서의 개인정보 보호 고려사항』. 네이버 프라이버시 백서.

성낙인(2023). 『헌법학』. 법문사.

손형섭(2024). 생성형 AI와 개인정보 보호. ≪4차산업혁명 법과 정책≫, 제7호.

아주경제(2023.11.13). "안전한 생성AI 만드려면"…개인정보위, 13일 '사전적정성 검토제' 설명회. https://www.ajunews.com/view/20231113141412056

정보인권(2023). 『인공지능과 정보인권』. 정보인권연구소, 제16호.

한겨레(2024.3.28). AI가 카드·여권 정보 훔쳐봤다…'인간지능'이 답변 검토까지 개인정보보호위원회, 네이버 등 6개 사업자 거대언어모델(LLM) 실태점검.

https://www.hani.co.kr/arti/economy/economy_general/1134230.html
헌법재판소(2005.5.26). 99헌마513, 주민등록법 제17조의8 등 위헌확인(기각).
The Economic Times(2023). AI and Privacy: The privacy concerns surrounding AI, its potential impact on personal data.
https://economictimes.indiatimes.com/news/how-to/ai-and-privacy-the-privacy-concerns-surrounding-ai-its-potential-impact-on-personal-data/articleshow/99738234.cms
Digitalocean(2024.5.31). AI and Privacy: Safeguarding Data in the Age of Artificial Intelligence.
https://www.digitalocean.com/resources/article/ai-and-privacy
Sheer, G. & Benchouch, A.(2024.11.1). The privacy paradox with AI.
https://www.reuters.com/legal/legalindustry/privacy-paradox-with-ai-2023-10-31/

04
AI에 관한 설명 요구권

AI가 자동으로 인간에 대한 의사 결정을 하면 어떠한 문제가 생길까? 우리는 이에 대해 법적으로 기술적으로 어떠한 대비를 해야 할까? 인공지능에 의한 자동 의사 결정에 대하여 그 알고리즘과 결과에 영향을 주는 요소들을 설명하는 기술에는 어떠한 것이 있으며, 그 한계는 무엇이 있을까? 앞으로 인공지능에 의한 자동 의사 결정에 대한 권리성과 기술적 논의를 소개한다.

AI와 사주?

설명 요구권이란 무엇인가?

이제 인공지능이 인간이 하는 지적 활동의 일부를 대신하기 시작했다. 기술적으로는 이미 채용 심사와 승진 평가, 학점 부여도 할 수 있게 되었다. 그런데 이렇게 인공지능에게 인간이 하는 지적 활동의 일부를 맡겼는데 그 결과에 대하여 납득하거나 동의를 할 수 없을 때는 어떻게 할까? 예를 들어 인공지능이 항공사 채용 심사에서 승무원으로 지망한 남성을 1차 서류 심사 단계에서 탈락시켰다고 하자. 이 AI는 작년 통계에서 승무원으로 채용된 남성 인원은 매우 소수였고 주로 여성이 승무원으로 채용되었다는 데이터에 근거하여 남성에게는 매우 낮은 평가 점수를 부여하였고 그 결과 승무원으로 응시한 남성 전원이 1차 서류 심사에 탈락하게 되었다. 이 경우 해당 남성은 어떠한 이의를 제기할 수 있을까?

2022년 고용노동부와 고용정보원의 조사에 따르면 252개 대형 민간기업 중 40곳이 AI 면접을 도입했다고 한다(정보인권, 2023). 이것으로 더 공정해지고 있는 것인가? 또 다른 차별과 오류가 발생하는 것은 아닐까?

위와 같은 이유로 AI의 자동 의사 결정에 대한 설명을 요구할 수 있는 헌법상 기본권의 확립 필요성이 논의되었다. 예를 들어, 미국 일부에서는, 병원 등의 등급 사이트 운영 시, 평가 과정에서 빅데이터의 해석에 사용한 알고리즘 등의 개시가 의무다. 이것은 자유로운 정보 유통(표현의 자유)의 측면을 유지하면서, 기본권 보호의 시각에서 별도의 형태로 이뤄지고 있다. 이 또한 간접적이지만 자기 정보 통제권을 뒷받침하는 것이 된다. 결국, 기본권을 중시하는 접근이 중요하다는 것을 알 수 있다.

AI는 인간이 쉽게 볼 수 없는 데이터에 대한 통찰력을 제공할 뿐만 아니라 대규모 데이터 세트를 분석하고 패턴을 찾아 기업이 운영 및 프로세스를 개신하는 데 도움을 줄 수 있다. 예를 들어, AI는 기업이 마케팅 캠페인을 개인화하고 고객 경험을 개선하는 데 사용할 수 있는 고객 행동 패턴을 식별할 수 있다. 마찬가지로 AI는 기업이 제품 수요를 예측하여 재고 수준을 최적화하고 재고 부족이나 과잉 재고를 방지하는 데 도움을 줄 수 있다. AI가 의사 결정에 영향을 미칠 수 있는 또 다른 중요한 방법은 특정 작업을 자동화하는 것이다. 이러한 작업은 시간이 많이 소요되며 사람이 수행할 경우 최선의 결정을 내리지 못할 수도 있다.

오늘날 AI가 모든 사람의 삶에 영향을 미치긴 하지만 AI 시스템이 결정을 내리는 방법과 이유, 그리고 AI가 우리 삶에 어떻게 적용되는지 이해할 수 있는 사람은 거의 없다. 또한, 발견된 결과를 기반으로 많은 알고리즘이 따르는 경로를 재구성하는 것도 불가능하다. 이러한 불투명성은 결과에 대한 불신으로 이어지고 있다. 특히 주목할 만한 것은 의료, 무인 자동차, 전쟁에서의 드론 운용 분야의 애플리케이션이다. 오늘날 특정 애플리케이션의 경우 AI 시스템 결정 또는 권고 사항과 관련된 기본적인 인권 및 법적 영향을 인식하는 것이 점점 더 중요해지고 있다.

이는 AI 알고리즘을 기반으로 한 어떤 결정에 설명이 필요한지, 어떤 유형의 설명이 필요한지에 대한 논쟁을 강화하고 있다. 따라서 그들이 어떻게 특정 결론에 도달했는지에 대한 설명은 그 결론에 영향을 받은 사람들이 그 결과에 이의를 제기하거나 변경할 수 있도록 하는 데 중요할 수 있다.

설명 가능한 인공지능(XAI, Explainable Artificial Intelligence)은 인공지능 모델의 결정을 기반으로 역추적하여 기동 방식을 분석하는 기법으로 이를 위해서 피처(feature, 특징)의 중요도, 대리 분석, 계측별 기여도 전파 방식의 알고리즘이 대표적으로 사용된다(이창훈 외, 2023). 나아가 AI 알고리즘 설명 요구권(Right to an Explanation)이라고 하면, AI와 머신러닝(ML)의 하위 분야에서 알고리즘의 출력에 대한 설명을 제공받을 권리를 의미한다. 이러한 권리는 주로 개인에게 법적으로나 재정적으로 중대한 영향을 미치는 결정에 대한 설명을 요구하는 권리가 될 수 있다.

유럽연합(EU)에서는 일반데이터보호법(GDPR)에서 이미 AI 알고리즘 설명 요구권을 인정하고 있다. 일반데이터보호법 제22조는 프로파일링 등 자동화된 개별 의사 결정을 적용받지 않을 권리를 인정하고, 정보 주체와 컨트롤러 간의 계약 체결 등에 필요한 경우, 정보 주체의 권리와 자유 및 이익을 보호하기 위해 적절한 조치를 규정한 유럽연합의 법률이 허용하는 경우, 정보 주체의 명백한 동의에 근거하는 경우는 이러한 권리를 부정할 수 있나(GDPR 22조 1항, 2항). 이렇게 자동화된 의사 결정을 받을 경우에도 본인의 관점을 피력하고 이의를 제기할 수 있는 권리를 보호하는 적절한 조치를 시행해야 한다(GDPR 22조 3항).

AI에 의한 자동화된 의사 결정의 거부, AI 알고리즘의 수정 요구권과 같은, AI의 자동화된 의사 결정에 대한 정보 주체의 통제권은 헌법상 인정되는 공권(公權)으로 논의할 수 있다. 그리고 사법(私法)에서도 상대방에게 AI 자동화된 의사 결정의 거부 및 설명을 요구할 수 있는 사권(私權)으로도 개념화할 수 있다. 공권은 국민이 국가나 공공단체에 대하여 주장할 수 있는 권리다. 사권은 국민 개개인이 사인(私人)에 대하여 주장할 수 있는 권리를 말한다.

AI의 자동화된 의사 결정에 대한 설명 요구권은 정보자기 통제권을 개념을 통해 개인의 자기 정보에 대한 통제권을 확대하는 논의로 연결된다. 나아가 별도의 정보주체의 권리, 예를 들어 "알고리즘 자동 의사 결정으로부터 개인의 개입권"을 인정하거나 구체화하는 논의도 진행해야 한다(손형섭, 2019).

사람은 헌법 제10조를 통해 자기 결정권을 가지며 헌법 제17조 사생활의 비밀과 자유를 포괄하여 개인정보자기 통제권을 가진다. 여기서 자신의 운명 결정권, 자신의 중요 사항 결정에서의 자기 결정권이 인정되어야 한다(성낙인, 2023). AI에 의한 자동화된 의사 결정의 거부 및 설명 요구권도 이처럼 자기 통제권으로부터 그 근거를 찾을 수 있다.

또한, 우리는 정보를 받아들이고 정보를 취사 선택하여 의사 형성, 여론 형성에 필요한 정보를 수집하는 권리를 알 권리라고 하며 이를 우리 헌법 제10조 인간의 존엄과 가치, 제21조 제1항 언론의 자유 등에서 도출하고 있다. AI에 대한 설명 요구권도 알 권리의 차원에서 헌법적으로 인정할 필요가 있을 것이다.

법적으로 구현될 수 있는가?

이처럼 AI 알고리즘에 의한 자동화 평가 방식에 대한 법적 통제 제도가 유럽연합의 일반데이터보호법 제22조(프로파일링을 포함한 자동화된 개별 의사결정)의 영향으로, 국내에서도 인공지능에 관한 자동 의사결정에 대한 설명 요구권에 대한 법률 규정으로 구체화하고 있다. 이 규정이 실효성을 가지고 효과적으로 행사될 수 있도록 하는 검토도 계속되어야 한다. 또 다른 대응책으로 인공지능 시스템에 대해 모니터링을 해야 한다는 견해와 인공지능 알고리즘에 대한 투명성(Transparency) 원칙이 도입되어야 한다는 주장이 구체화되고 있다.

미국 백악관이 발생한 백서인 'AI 권리장전 청사진(Blueprint for an AI Bill of Rights)'도 자동화된 결정을 거부할 가능성을 포함하여 AI의 설계, 사용 및 배포를 안내해야 하는 다섯 가지 원칙을 인정한다. AI 권리장전 청사진에 따르면 자동화 시스템은 농부들이 식량을 더 효율적으로 재배할 수 있도록 돕는 등 이점이 있다(BLUEPRINT). 여기에서는 알고리즘 차별로부터의 보호를 기술하고, 데이터 프라이버시를 보호하면서 자신에 대한 데이터가 어떻게 사용되는지에 대한 권한을 가져야 한다고 한다(BLUEPRINT). 그리고 "자동화된 시스템이 사용되고 있다는 사실을 알고 있어야 하며, 이 시스템이 사용자에게 영향을 미치는 결과에 어떻게, 왜 기여하는지 이해해야 한다"고 규정하고 있다. "사용자는 적절한 경우, 선택을 배제할 수 있어야 하며, 직면하는 문제를 신속하게 고려하고 해결할 수 있는 사람에게 접근할 수 있어야 한다(BLUEPRINT)"고 기술한다. 그러면서도 자동화된 시스템에 대하여 독립된 평가가 가능하도록 언론 기관, 감사관 등 제3의 독립적인 평가관이 시스템에 접근할 수 있도록 하고 있다(BLUEPRINT).

국내에서도 2020년 개정 신용정보법에서 알고리즘 설명 요구권이 규정되었고, 2023년 개인정보 보호법 개정에서도 알고리즘 설명 요구권이 규정되었다. 신용정보법 제36조의2에는 자동화 평가 결과에 대한 설명 및 이의 제기 등이 규정되었는데, 제1조에서는 개인인 신용정보 주체는 개인 신용 평가 회사 및 대통령령으로 정하는 신용 정보 제공 · 이용자에 대하여 ① 개인 신용 평가, ② 대통령령으로 정하는 금융 거래의 설정 및 유지 여부, 내용의 결정, ③ "그 밖에 컴퓨터 등 정보처리장치로만 처리하면 개인신용정보 보호를 저해할 우려가 있는 경우로서 대통령령으로 정하는 행위"에 자동 의사 결정을 하는지에 대해 설명을 요구할 수 있다.

2023년 개정 개인정보 보호법 제4조(정보 주체의 권리)에서 정보 주체의 권리로 "자동화된 개인정보 처리에 따른 결정을 거부하거나 그에 대한 설명 등을 요구할 권리"를 신설했다. 그리고 제37조에서 정보 주체가 개인정보 처리자에게 자신의 개인정보 처리의 정지를 요구하거나 개인정보 처리에 대한 동의를 철회할 수 있도록 규정(제37조 제1항)하고 개인정보 처리자가 위의 처리정지 요청을 받고 지체 없이 개인정보 처리의 전부 혹은 일부를 정지할 의무를 규정하고, 단서에서 법률상 특별 규정이 있는 등의 경우에 정보 주체의 처리 정지 요구를 거절할 수 있도록 규정(제37조 제2항)했다.

그리고 제37조의2(자동화된 결정에 대한 정보 주체의 권리 등)에서 "① 정보주체는 완전히 자동화된 시스템(인공지능 기술을 적용한 시스템을 포함한다)으로 개인정보를 처리하여 이루어지는 결정(「행정기본법」 제20조에 따른 행정청의 자동적 처분은 제외하며, 이하 이 조에서 "자동화된 결정"이라 한다)이 자신의 권리 또는 의무에 중대한 영향을 미치는 경우에는 해당 개인정보 처리자에 대하여 해당 결정을 거부할 수 있는 권리를 가진다고 규정했다.

또, 정보 주체는 개인정보 처리자가 자동화된 결정을 한 경우에는 그 결정에 대하여 설명 등을 요구할 수 있다(제37조의2 제2항). 개인정보 처리자는 제1항 또는 제2항에 따라 정보 주체가 자동화된 결정을 거부하거나 이에 대한 설명 등을 요구한 경우에는 정당한 사유가 없는 한 자동화된 결정을 적용하지 아니하거나 인적 개입에 의한 재처리 · 설명 등 필요한 조치를 하여야 한다(동조 제3항). 개인정보 처리자는 자동화된 결정의 기준과 절차, 개인정보가 처리되는 방식 등을 정보 주체가 쉽게 확인할 수 있도록 공개하여야 한다(동조 제4항). 여기에 더해 "제1항부터 제4항까지 규정한 사항 외에 자동화된 결정의 거부 · 설명 등을 요구하는 절차 및 방법, 거부 · 설명 등의 요구에 따른 필요한 조치, 자동화된 결정의 기준 · 절차 및 개인정보가 처리되는 방식의 공개 등에 필요한 사항은 대통령령으로 정한다(동조 제5항)"라는 규정을 신설했다.

이처럼 AI 알고리즘에 의한 자동화 평가 방식에 대한 거부권을 인정한 유럽연합의 일반데이터보호법 제22조를 포함한 자동화된 개별 의사 결정에 관한 규정을 유래로, 세계에서 인공지능의 자동의사 결정에 대한 거부 혹은 동의권, 그리고 설명 요구권이 구체적으로 논의되고 있다.

앞으로 디지털 · AI 거버넌스에서 AI 알고리즘 설명 요구권은 자동 의사 결정에 대한 설명을 요구할 수 있는 헌법상 기본권으로 정립되어야 한다고 생각한다. 이를 위해 헌법 이론은 물론 개인정보 보호법 등의 디지털 관련 법제에서의 AI 알고리즘 설명 요구권, 자동화 결정 거부권, AI 알고리즘의 두명성 보장이 확내되어야 한다. 사전 알고리즘 검토와 사후 AI에 의한 분석, 조언, 추천, 자동 의사 결정의 타당성에 대한 평가 시스템도 필요하다.

설명할 수 있는 인공지능 기술

인공지능의 자동화된 의사 결정의 경로를 알 수 없다는 종래의 주장과 달리 인공지능으로부터 분석되는 과정은 그래프와 도식으로 설명이 가능하다. 이미 각 나라는 법적으로 인정되는 AI 설명 요구권을 구체화하고 있다. 그런데 AI에 의해 분석되는 것이 개인의 신용정보나 인사 평가 등이라면 개인은 그 AI를 통해 분석되는 과정을 설명하도록 요구할 수 있어야 한다. 국제사회에서도 인공지능에 의한 자동화된 의사 결정 처리에 대항한 인간인 의사 결정자의 권리를 국제인권법(International Human Rights Law)에 따라 보편적 인권으로 인정되도록 하는 논의가 진행 중이다.

이미 설명할 수 있는 인공지능(XAI, Explainable AI) 기법으로 상용되는 것으로는 샤프(SHARP, SHapley Additive exPlanations)라는 것과 개인 신용 데이터 이미지 변환 및 합성곱 신경망을 적용하는 엘알피(LRP, Layer-wise Relevance Propagation), 비정상적인 온라인 활동을 탐지하고 필터링하기 위해 딥러닝 기법으로 모형을 구축하고 구축한 모형의 근본적인 구조를 해석하는 라임(LIME, Local Intcrprctablc Model-agnostic Explanations)(홍태호 외, 2023), 라임의 발전된 형태로 모델의 예측을 유발하는 규칙 기반의 설명을 제공하는 앵커(Anchors), 이미지 처리 모델에서 입력 이미지의 어느 부분이 모델 예측에 중요한 영향을 미쳤는지 시각적으로 강조한 샐리언시 맵(Saliency Maps), 신경망의 마지막 합성곱 레이어를 기반으로 예측에 기여한 이미지 영역을 강조하는 그래드캠(Grad-CAM, Gradient-weighted Class Activation Mapping) 등이 있다.

이처럼 설명 가능한 기술적인 인공지능이 현실에서

구현되고 있는 반면, 제조사는 영업 비밀을 이유로 알고리즘에 관한 정보를 비공개하게 된다. 코드를 이해할 전문적인 지식이나 기술이 없어 이해를 못 할 수도 있다. 알고리즘이 너무 크고 복잡하여 이해하지 못할 수 있다. 따라서 인공지능에게 그 추론의 설명을 요구할 수 있는 권리는 제품이나 영업에 대한 것이 아니라 사람에 대한 정보의 평가와 분석에 해당하는 경우에 인정될 수 있다.

이러한 알고리즘 설명 요구권은 이해관계자(stakeholders), 개발사, 제조사, 이용사, 의사 결정 대상이 되는 환자나 피고인이 법적 권리를 행사하는 데 도움이 될 수 있다(권리 행사의 도움). 설명 가능성을 달성하기 위한 방법적 기술도 개발되고 있다.

앞으로는 설명 가능한 인공지능 기술의 한계로 ① 설명할 수 있는 인공지능의 기법 설명의 한계가 문제 될 수 있다. 설명 과정에서 원래 모델의 오류와 설명의 오류가 함께 발생할 수도 있다는 것이다. 즉 설명에 대한 평가 또한 필요한 상황이 된다. 또한, ② 인간이 그 설명의 의미를 해석하는 과정에서 오류가 발생할 수 있다. 결국, 이용자 연구를 통하여 이용자의 편향과 오류를 해소하려는 노력도 계속 시도되어야 한다.

참고문헌

성낙인(2023). 『헌법학』. 법문사.

손형섭(2019). 디지털 플랫폼과 AI에 의한 국회 전자청원시스템 활성화 연구. ≪유럽헌법연구≫, 제31권.

이창홍 외(2023). 설명 가능한 인공지능을 사용한 학습 데이터 전처리 방법. ≪정보과학회논문지≫, 제509권 제2호.

정보인권(2023). 『인공지능과 정보인권』. 정보인권연구소, 제16호.

庄司克宏 外(2017). 『インターネットの自由と不自由』, 法律文化社.

Blueprint for an AI bill of rights making automated systems work for the American people October 2022. Foreword.

MacCarthy, M.(2017). Standards of fairness for disparate impact assessment of big data algorithms, 48 Cumb. L. Rev. 67.

Shany, Y.(2023). From digital rights to international human rights: The emerging right to a human decision maker, https://www.oxford-aiethics.ox.ac.uk/blog/digital-rights-international-human-rights-emerging-right-human-decision-maker

05

AI와 민주주의

민주주의란 무엇인가? 그리고 민주주의는 AI의 활용에 의하여 어떻게 변화될 것인가? 인공지능 시대에 국민이 주인인 민주주의를 실현하기 위하여 어떠한 이슈가 발생할까?

AI와 아이돌?

민주주의는 무엇인가?

민주주의라는 말은 분야에 따라 다양한 개념으로 사용된다. 단어 그대로 정의하면 국민이 국가의 주인이며 주권자이고 그러한 주권자가 스스로 결정하고 국민을 위하여 스스로를 지배하는 국가 이념과 정치 체제다. 그리스어의 데모스(demos, 민중)와 크라토스(cratos, 지배)라는 두 단어의 합성어인 데모크라티아(democratia)에서 유래하여 국민에 의한 국민의 지배를 의미한다.

미국의 링컨(Abraham Lincoln) 대통령은 1863년 11월 19일 미국 남북전쟁의 주요 격전지였던 게티즈버그 전투 지역에 설립한 게티즈버그 국립묘지 개관식의 2분짜리 짧은 연설에서 "국민의, 국민에 의한 국민을 위한 정부는 이 땅에서 결코 사라지지 않는다는 것을 보여 주어야 한다(Government of the people, by the people, for the people, shall not perish from the earth)"라고, 민주주의와 민주주의 국가에 대한 정의를 말하며 미국 남북전쟁 이후 미국의 민주주의 정신을 높이 세웠다.

민주주의 국가는 민주주의 이념에 따라 국민이 직접 대표를 뽑거나 정치에 참여하거나, 아니면 국민이 뽑은 대표자가 국민을 위하여 국정의 의사 결정을 하도록 헌법과 법률이 정하고 있다. 대한민국도 헌법 제1조 제1항에 민주공화국이라고 정하고, 국민이 대통령과 국회의원을 직접 선출하는 직접민주주의와, 이러한 대표를 통하여 주권자인 국민을 위한 국가 의사를 정하는 대의민주주의를 구현하고 있다. 대의 제도는 국민이 직접 정치적인 결정을 내리지 않고 대표를 통해 간접적으로만 정치적인 결정에 참여하는 통치 기관의 구성 원리를 말한다.

이따금 어려운 상황에서도 국민이 주인인 국가는 어려운 상황을 국민 스스로의 힘으로 극복하고 민주주의는 이러한 상황에서 진가를 발휘한다. 그런데 최근 인공지능의 등장으로 국민에 의한 국정 결정이 아니라 인공지능에 의한 국정 결정이 더 효과적인 것이 아닌가 하는, 종래 민주주의에 대한 회의 혹은 실질적인 의사 결정의 인공지능으로의 이전이 논의되고 있다.

AI는 민주주의에 어떠한 영향을 미치는가?

그런데 이미 사회관계망서비스(SNS) 알고리즘 자동 추천에 따른 필터 버블 효과가 사회를 극단적으로 양극화하며 대화와 숙의, 타협하기 힘든 갈등 사회로 이끌고 있다.

필터 버블은 인터넷 정보 제공자가 이용자에게 맞추

어 추천 정보를 제공하기에 이용자는 자신의 선호에 따라 필터링된 정보만을 접하게 되는 것을 말한다. 이 용어는 미국의 정치 참여 시민 단체인 무브온의 이사장 엘리 프레이저(Eli Pariser)가 쓴 『필터 버블(The Filter Bubble)』이라는 책에서 유래했다. 양극화는 본래 소득, 자산 등 경제적 불평등이 심화해 중산층의 계층 이동이 어려워지고 빈곤층이 증가하는 현상을 말하는데, 여기서는 양극단의 의견이 대화, 숙의, 타협을 통하여 결론에 도달하거나 절충하기 어렵게 되는 상황을 말한다.

물론 정치적 양극화와 달리 작은 의사 집단으로 분극화하여 자신만의 의견을 고착하여 더 이상 소통하지 않는 집단을 만들기도 한다.

그런데 2023년 챗지피티와 같은 생성형 인공지능이 등장했다. 이는 거대언어모델(LLM, Large Language Model)을 기반으로 거대 데이터 기계학습(머신러닝)을 통해 질문에 대한 답변을 자동 생성하는 언어 예측 알고리즘 모델(이광석, 2023)로, 인간을 뛰어넘는 인공지능의 도래 가능성을 실감하게 했다.

부정적인 사례로는 케임브리지 애널리티카 사건처럼 디지털과 인공지능 분석이 유권자의 의사에 영향을 미치게 되는 문제가 있다. 케임브리지 애널리티카에서는 확보된 데이터를 기반으로 개개인의 성격과 성향을 최대 32개 유형으로 나누어, 유형별로 세분화된 메시지를 유권자에게 보냈다고 한다. 트럼프 캠프는 2016년 대선에서 이를 통해 디지털 광고에 1억 달러를 썼으며, 페이스북, 구글, 트위터는 트럼프 캠프에 직원을 파견했다고 한다(정보인권, 2023). 이처럼 유권자의 특성에 기반한 정치 캠페인이 예전부터 존재했지만, AI의 알고리즘을 통한 분석과 타기팅으로 종래 민주주의의 꽃인 선거에서 왜곡된 투표 결과가 나오게 된다면 민주주의에는 위기가 된다.

민주주의에서 국민의 의사를 법률로 정하는 입법기관은 국회가 중심이 된다. 대한민국에서도 국회가 법률을 제정하고 대통령은 이를 공포한다. 물론 국회에서 이송된 법률안에 이의가 있으면 15일 이내에 이의서를 첨부하여 국회에 환부하고 재의를 요구할 수 있다(대한민국 헌법 제53조 제2항). 여기서 AI는 어떠한 역할을 할 수 있을까? 필자는 이러한 정치(politics)와 디지털 기술(technology)의 결합을 통한 효율성과 합리성의 증대를 폴리테크(PoliTech)로 명명하며, 디지털을 통한 시민의 정치 참여와 AI를 통한 정치와 정책 결정의 발전을 예상한다(손형섭, 2019).

앞으로 인공지능을 활용하여 국민을 위한 효과적인 법률 정책을 펼치기 위해서는 국회 내부에 국회의원 외 알고리즘 분석 능력을 갖춘 전문가와 AI 입법의 사회적, 실질적인 영향을 평가하는 전문가 등을 구성원이나 스텝으로 하는 상설 조직을 두고 국회가 AI 입법을 실질적으로 감시, 통제할 수 있도록 제도를 상설하는 것이 요구될 것이다.

그런데 "AI에 위임하는 편이 결과적으로 보다 좋은 정책 실현의 방법이 될 것이고, 이를 위한 절차를 어떻게 잘 만들 수 있는가와 같은 비판이 필요하다"는 것이 데이터 사이언스 측면의 입장이 된다. 그러나 헌법이 보장하는 민주주의는 그렇지 않다. 무엇이 더 좋은 결과인가는 개인의 가치관에 의해 변경될 수 있다. 따라서 국회라는 개방된 플랫폼에서 민주적 정책 방향성 등에 대하여 토의할 필요가 있다. 헌법상 정책 목적과 실현 수단의 선택에는 항상 오류가 있을 수 있기 때문에 민주적 책임 추급을 위한 절차도 필요하다. 만일 AI가 절대적으로 오류가 없다고 한다면 그것으로 좋지만, AI가 무결하지 않은 이상 헌법이 규정하는 민주적 책임 추급의 회로, 절차를 유지해 둘 필요가 있을 것이다.

AI가 국회의원보다도 상대적으로 좋은 판단을 할 것

이기 때문에 민주적 책임 추급의 절차는 생략해도 좋다고 생각하는 사고를 하게 되면 이는 왕에게 맡기면 문제가 해결될 것이라는 절대군주제의 발상에 가깝다는 비판도 있다. 확실히 좋은 군주가 존재한다고 한다면, 민주적 회로는 오히려 방해가 된다. 이것과 같은 발상으로 AI를 취급한다면 국민주권을 제시한 현대 헌법도 크게 요동칠 수 있다. 여기에는 각 나라의 국민이 자신의 국회와 정치인들을 얼마나 신뢰하는가도 관련이 있다. 자국의 정치인을 신뢰하지 못하는 국가에서 국민들은 인공지능이 일부라도 의사 결정에 참여하는 것이 더 공정하고 바른 결정을 할 것이라고 생각하게 된다. 반면 자국의 정치인이 상대적으로 신뢰도가 높다면 인공지능이라는 알 수 없는 기술에 의존하는 것을 더 공포스러운 것으로 생각하고, 인간에 의해 충분히 검토된 정책 결정을 더욱 존중할 것이다. 정치인과 인공지능 간에 누가 국민으로부터 더 신뢰를 받을 것인가의 경쟁이 발생할 수 있다.

그러나 역시 AI는 인간 중심으로 활용할 도구이며, 우리가 맹목적으로 신뢰할 수 있는 철인이나 군주는 아니다. 4차 산업혁명을 위한 법제의 핵심은 규제 완화와 전통적 효율성 차원을 벗어나 과감하고 모험적인 투자 촉진을 가능하게 하는 제도다. 이를 위해서 민간 영역과 공적인 영역에서 시민의 정치 의사를 수집, 토의, 집합하여 구체적으로 실현할 수 있도록 하는 다양한 디지털 플랫폼의 생성과 활동은 미래 정치를 변화시키게 될 것이다. 디지털 플랫폼에 의한 정치 의사의 제기 · 토의 · 수집 · 실현의 정치적 행위는, 시민들의 자발적인 참여와 도전을 실현하고, 정부 등 공공기관의 변화를 유도할 것이다(손형섭, 2019).

또, 새로운 기술이 국민의 의사를 잘 분석하고 반영하기 위해 도움이 되는 중에도, 각 나라의 국민은 AI와 같은 기술에 계속 관심을 두고 이를 감시하면서 비판하는 정신을 유지해야 한다. 인공지능을 통한 결론이라도 관련 전문가가 기술을 수시로 재검토해야 한다는 비판 정신이 필요하다. 이러한 정신이 국민과 주인 된 정신이며 인공지능의 종(從)이 아니라 인공지능의 주인으로 사는 삶의 기본이 되는 정신일 것이다.

참고문헌

손형섭(2019). 디지털 플랫폼과 AI에 의한 국회 전자청원시스템 활성화 연구. ≪유럽헌법연구≫, 제31권.

이광석(2023). 챗지피티, 인공지능(AI)과 민주주의. ≪KDF 민주주의 리포트≫.

정보인권(2023). 『인공지능과 정보인권』. 정보인권연구소, 제16호.

06
AI 거버넌스

헌법에 의한 국가의 통치가 디지털과 AI에 의하여 공공 영역과 민간 영역을 포함한 AI 거버넌스 체계로 변화하고 있다. 디지털 전환과 인공지능을 통한 국가와 민간 영역의 거버넌스에 대하여 알아보자.

AI와 야구?

거버넌스는 무엇인가?

각 나라의 헌법에는 보장해야 할 인권 규정을 두며, 각국에서는 이것을 실정 헌법에 규정하면서 기본권이라고 부르기도 한다. 우리 헌법에서는 개인이 가지는 불가침의 기본적 인권이라고 규정했다(헌법 제10조). 그런데 헌법에서 인권 규정을 둔 것은 유럽에서 근대 이후 왕권으로부터 시민이 그러한 헌법상 권리를 독립(미국의 독립전쟁) 혹은 혁명(프랑스 시민혁명)으로부터 보장받게 되면서다. 따라서 근대 이전 고유한 의미의 헌법은 인권 규정보다는 그 나라의 통치 질서를 정비하는 것을 그 내용으로 담고 있었다. 이것을 헌법에서 통치 구조라고 한다. 물론 최근에는 통치 구조라는 표현보다 헌법상 권력 구조라고 하는 표현이 적당하다는 의견도 있다.

이렇게 헌법에서 규정한 권력 구조는 권력 분립 원리와 대의제 원리, 법치국가의 원리, 책임정치 원리를 구현하면서, 국가가 국민의 기본권을 보장하고 사회의 지속적인 발전을 도모하며 각종 분쟁의 원만한 해결을 위한 최선의 방법을 추구하려고 한다.

헌법상 이러한 통치 구조 혹은 '권력 구조'는 국가 권력의 구조와 이에 관한 원리를 포함한다. 대한민국 헌법은 국민주권의 이념을 실현하고 국민의 자유와 권리를 보장하기 위한 통치 기관의 구성 원리로서 권력 분립 원리, 대의제 원리 그리고 이를 실현하기 위한 제도로 선거제도, 직업공무원제, 지방자치제도 등을 두고 있다.

대한민국은 대통령 중심제를 기본으로 하면서도 국무총리 제도와 같이 의원내각제에나 있을 법한 제도도 두고 있다. 대한민국의 현행 헌법은 1987년의 헌법 개정 이후 이미 40년이 도래하고 있어 권력 구조에 대한 변화를 요구하는 주장이 계속되었다.

주요한 내용으로 5년 임기의 단임의 대통령 제도를 두고 있어 정치적인 책임과 비평, 그리고 이에 따른 민주적인 국정 운영이 되지 않고 대통령이 독선적인 국정 운영에 빠지기 쉽고, 임기 말에 레임덕(Lame Duck)이 와서 대통령과 행정부가 제대로 기능을 하지 못하게 된다는 비판 등이 있다. 이에 대하여 대통령 5년 단임제에 책임성이 부족한 것을 고려하여 책임성 강화와 레임덕 극복을 위해서 4년 연임(중임)제의 대통령제로 개헌해야 한다는 주장이 제기되었다. 현행 국무총리 제도를 현행 헌법상 대통령의 보좌기관에 한정하지 말고 행정부에 대한 일정한 책임을 맡을 수 있는 이른바 책임총리 제도를 구현하는 것이 필요하다는 주장도 있다. 이러한 변화는 헌법 개정을 통하지 않으면 안 된다.

그런데 최근에는 헌법상 권력 구조가 아닌 국가의 공공 영역과 사적 영역을 모두 포함하여 일정한 기능을 하는 거버넌스를 잘해야 한다는 논의로 생각의 범위가 넓어졌다. 여기서 거버넌스는 "모든 영역에서의 국가 문제를 관리하기 위한 경제적, 정치적, 행정적 기관의 권한 행사로 볼 수 있다." 이 거버넌스는 시민과 집단이 그들의 이익을 표현하고, 그들의 권리를 행사하며, 그들의 의무를 이행하고, 그들의 분쟁을 조정하는 기구와 과정 및 제도를 포함한다(김중권, 2018). 중앙정부, 지방정부, 민간단체, 비정부기구(NGO), 시민 등의 다중 행위자의 정책 의사 결정 참여 수준을 증대하고 공공, 민간, 비영리 부분 간의 교차 중복성과 상호 협력의 필요성에 따라 국가 중심의 지배 양식에 대한 대안(代案)으로 민주적 거버넌스, 생태 환경 거버넌스, 도시 거버넌스, 글로벌 거버넌스, 네트워크 거버넌스, 협력 거버넌스, 디지털 거버넌스가 발전하고 있다(박선영, 2024).

이러한 거버넌스 논의는 종래 헌법에서 수용한 민주주의 거버넌스, 법치주의 거버넌스에 새로이 데이터를 기반으로 한 디지털 · 인공지능 거버넌스를 보충적으로 고려할 수 있다는 내용으로 우리 앞에 전개되고 있다. 최근 논의되는 거버넌스는 정부, 민간, 시민사회가 각자의 역할을 하면서 공동으로 의사 결정을 하여 합리적인 의사 결정 및 이의 수행을 도모하는 것이다. 필자도 공공기관은 물론 민간기관의 디지털 혁신에서도 보텀업(bottom-up)의 의사 수렴이 톱다운 방식과 병행되어야 한다고 생각한다. 이미 없어져 버린 기업에도 기업을 존속시키려는 최고경영자(CEO)가 없었던 것이 아니다. 다만 디지털 전환에 필요한 기업의 변화를 추진하는 의사와 동력이 집결되지 못해 사멸한 사례가 많다(손형섭, 2021). 종래의 법적 · 관료적 거버넌스는 가장 기본적이고 공통적인 거버넌스 유형이다. 이러한 거버넌스는 헌법과 법률, 시행령, 시행 규칙에 의한 법치주의 거버넌스와 인사권 행사를 통해 행정부의 권한을 행사하는 실질적 주체를 선정하여 거버넌스를 도모하기도 한다. 기관장 및 고위 공무원의 실질적 임면권은 대통령이 가지므로, 정부는 인사를 통하여 거버넌스 과정 및 결과에 실질적인 영향력을 행사한다(공동성 · 윤기웅, 2018). 국회를 필두로 정부 등 입법과 관련된 기관에서 디지털 전환이라는 변화의 물결에 적정히 대응 못 하는 규제 지체(regulatory delay) 규제 병목(regulatory bottleneck)으로 발생되는 문제점을 막기 위해 관련 법제를 신속하게 입법 평가하고 개선 입법을 하는 능력이 필요하다. 법적 규율의 특성상 강제적인 집행 방식을 원용하므로, 영역에 따라서는 빠른 속도의 디지털 전환 시기에 변화하는 기술에 대한 대응으로 적합하지 않을 수 있다. 따라서 수범자의 자율성이 보장되고 유연한 대처가 가능한 연성법(soft law) 형태의 규율과 관련 업계의 자율 규제 등에 근거가 되는 윤리 규범이 함께 고려되어야 한다. 이러한 고도의 정책적 검토를 하는 기관이자 통상 정부 입법 시 사전에 법의 체계와 자구 수정에 주된 역할을 하는 법제처는 물론 각 부처에 제기된 톱다운, 보텀업의 아젠다를 디지털화하고 AI로 분석하여 이를 실현할 수 있도록 하는 법제 개혁이 필요하다. 그리고 무엇보다도 기업과 시민을 대표하는 그룹이 국가와 사회의 주요 의사 결정과 정책 실현 과정에 참여하고 협력하는 모델을 구현하려 하는 것이다.

디지털 전환과 AI 거버넌스

종래 1차 산업은 농업, 축산업, 임업, 어업 등 자연으로부터 직접 산출물을 생산하는 산업으로 분류하고, 2차 산업은 1차 산업의 생산물을 가공하여 물건이나 전기나 수도와 같은 에너지원을 생산하는 것을 말한다. 3차 산업은 1차 산업과 2차 산업을 기반으로 한 서비스를 제공하는 업종을 말한다. 통신, 금융, 보험, 의료, 교육, 언론, 엔터테인먼트 및 물류 유통업이 모두 3차 산업에 해당한다. 앞으로 1차 산업은 스마트 팜으로 2차 산업은 스마트 팩토리로 전환되고, 3차 산업 전체가 디지털로 전환되는 것을 고려하여 정부는 인력과 재화의 효율적인 분배를 위한 노력을 계속하게 된다.

디지털 트랜스포메이션, 즉 디지털 전환에 의해 지식정보사회의 거버넌스도 변화되고 있다. 디지털 전환은 공적 영역에서 정부와 국회를 중심으로 변화를 유도하고, 사적 영역에서는 산업 구조의 변화와 비즈니스의 변화를 견인하고 있다. 대한민국에서는 공사 영역의 디지털 전환에 따른 지식정보화 사회에 적합한 효율적인 거버넌스 체계가 필요하다.

필자는 2020년에 발표와 연구논문을 통해 스마트 정부의 의사 결정 시스템을 돕기 위한 데이터베이스, 빅데이터와 AI를 이용한 아젠다 분석 시스템을 구상하고 이를 구현하는 디지털 타워를 제안했다. 이것은 헌법에 따라 민주주의 · 법치주의 거버넌스에 데이터를 기반으로 한 디지털 · 인공지능 거버넌스의 일부 활용을 구상하는 것이기도 하다. 이제는 AI의 이점을 극대화하고 난점은 최소화하면서 공사(公私) 영역의 합리적인 거버넌스를 지향하는 AI 거버넌스가 논의되고 그 구현이 도모되고 있다.

디지털 전환에서 최고경영자(CEO)의 적극적인 역할이 강조되는 만큼, 국가에서는 대통령과 청와대와 관련 부서에서 정책을 제안하고 이를 국회에서 각계의 이해관계를 고려하여 검토한 후 반영하는 톱다운 방식의 국정 추진이 효과적인 면이 있다. 국회에서 다양한 견해와 이익을 인식하고 교량(較量)하여 공개적 토론으로 다원적 인적 구성의 국민 대표의 비판과 참여를 통해 합의를 도출하는 방식은 디지털 전환의 시대에도 여전히 기능적 가치가 높다고 생각한다. 이렇게 국회에서 민의를 수렴・검토하는 과정에 인공지능과 증강 지능(augmented intelligence)이 다양한 방법으로 조력할 수 있을 것으로 기대된다.

톱다운 방식과 보텀업의 아젠다 설정과 분석 및 실행은 디지털에 의한 충분한 검토를 반영하여 합리성을 높일 수 있다. 즉, 디지털 전환에 따라 보텀업, 톱다운 방식의 디지털 정보를 디지털 타워에서 분석하고 이 분석 결과를 가지고 최고 의사 결정자와 해당 분야 전문가가 함께 논의해서 의사를 결정하는 거버넌스가 필요하다. 각 정부 기관에서는 디지털 전담 부서를 만들어 디지털 중심의 혁신을 이루어 국민을 위한 공공재를 확대해야 한다. 그리고 각종 조정 문제를 해결하기 위하여 법은 객관적인 기준을 정하는 데 그 역할을 다해야 한다. 관련 규제는 여러 규제 중 효율적이고 적합한 것에 한하여 사용하는 것이 타당하다. 중앙정부는 물론 지방정부에서도 필요한 정보를 공유하여 민관이 협력하는 거버넌스를 기대할 수 있다. 즉, 보텀업과 톱다운의 아젠다가 자유롭게 개진되고 이를 디지털, 나아가 AI로 분석하고 대응하는 개혁이 필요하다.

일본은 저출산 고령화를 중심으로 한 사회 문제가 표면화하고 있다. 인력 부족은 물론, 노인이 많아지면서 사회 보장비가 상승하고 재정 지출도 늘고 국민의 부담도 무거워지고 있다. 이러한 상황을 해결하기 위해 일본 정부는 "소사이어티(Society) 5.0"을 구상했다. "소사이어티 5.0"은 간단히 말해 제5의 사회라는 것으로, 사람 · 사회 시스템 · 산업 구조 · 혁신 시스템 · 거버넌스를 위해 AI를 사용한다는 것이다. 즉 정보사회와 인간이 정보를 처리하는 것이 아니라, 사회에 장치된 센서에서 감지된 정보를 AI가 처리하는 것이다. 자율주행 차량 등이 그 예다. 이러한 사회를 목표로 나아가기 위해서는 AI를 이용하여 큰 틀을 결정해 나갈 필요가 있다.

AI 거버넌스 체계

네덜란드에서는 사회복지 급여나 조세 사기, 노동법 위반의 가능성을 예측하기 위해 시리(SyRI)라는 시스템(Risk Indication System)을 개발했다. 이 시스템은 고용, 개인 부채, 급여, 교육 이력 및 주택 관련 기록 등 다양한 국가기관에 저장된 시민의 데이터를 결합하여 분석하여, 누가 국가 지원을 받는지에 대한 정보와 조세 정보를 비교할 수 있고, 출입국 기관의 데이터로 거주지에 대한 정보와 비교할 수 있다. 네덜란드는 시리를 통하여 디지털 복지국가 시스템을 지향했다(정보인권, 2023). 그러나 이 시스템도 개인의 프라이버시와 개인정보를 침해하고 가장 취약한 사람들에게 부당하게 불이익을 준다는 비판이 제기되었다(정보인권, 2023). 나아가 이러한 시스템의 오류로 사회보장 급부의 환수, 정지 등이 일어난다면 더욱 큰 사회문제가 될 것이다. 따라서 디지털에 의한 거버넌스, 나아가 인공지능에 의한 거버넌스에는 사전에 고려할 많은 헌법적 원칙이 있고 이런 것에 대한 철저한 준수가 합리적인 활용을 위한 선결 과제다.

거버넌스 정비의 관점에서 공공데이터법은 국무총리 소속으로 공공데이터전략위원회를 두고 데이터 기반 행정에 관한 정부의 주요 정책과 계획을 심의 · 조정하도록 하고 있다. 이 법의 주부처는 행정안전부 공공데이터 정책과다.

이러한 협의 체계 아래 디지털 전환에 따른 관련 정보와 AI 분석 결과 등에 대해 전문가가 합리성을 검토하는 시스템을 통하여 공사 영역에서 디지털 전환과 효과적인 거버넌스 체계를 구축할 수 있다. AI를 통한 분석, 조언, 추천 기능을 충분히 활용할 수 있는 거버넌스를 계속 구축해야 한다. AI가 데이터를 분석하고 조직의 거버넌스를 위한 결정에 필요한 데이터 분석값을 제시하여 사람의 의사 결정에 조언을 제시하고 나아가 특정 결정을 추천할 수 있다.

영역에 따라 실시간으로 AI가 자동으로 의사 결정을 하는 경우도 상정할 수 있다. 시스템 인에 부정한 움직임이 감지되어 AI가 그러한 침입과 정보 변경을 실시간 차단하는 결정과 실행을 동시에 할 수도 있다. 다만 이러한 자동 의사 결정도 현재 헌법상 민주주의, 법치주의 거버넌스의 틀 안에서 국민의 대표, 의사 결정자의 결정 권한의 행사를 뛰어넘을 수 없으므로 AI가 자동으로 결정하도록 하는 시스템은 한정적으로 수용할 수 있을 뿐이다. 그 한정적인 인공지능의 결정에서도 법적 책임 문제가 사전에 검토되어야 한다.

지난 21대 국회에서 논의된 '인공지능 연구 개발 및 산업 진흥, 윤리적 책임 등에 관한 법률안(2020.7.13. 의안번호 1823)'은 과학기술정보통신부 장관이 인공지능 기술 개발 및 산업의 진흥을 위한 기본 계획 및 시행 계획을 수립하도록 하고 이를 위한 인공지능정책 심의위원회를 둘 수 있도록 하였다. '인공지능 산업 육성에 관한 법률안(의안 번호 3515)'은 인공지능 산업의 육성에 관한 주요 사항을 심의하기 위하여 국무총리 소속으로 인공지능산업육성위원회를 설치(안 제7조)하는 내용을 두고 있었다. '인공지능 기술 기본법안(의안번호 4772)'에서는 인공지능 기술에 관한 중요 사항을 심의 · 의결하기 위하여 국무총리 소속으로 국가인공지능기술위원회를 설치하도록(안 제6조) 하고, 지방인공지능기술위원회(안 제9조 및 제10조)를 두고, 국가와 지방자치단체가 인공지능 기술 개발 등에 대한 육성, 국제 협력, 조사 연구 및 개발 등을 하거나, 전문 인력을 양성하거나, 자료의 표준화 · 정보화, 기술 개발 등에 관한 교육 · 홍보, 기술의 수출을 하는 자에게 재정 지원을 할 수 있도록(제23조) 했다. 전반적으로 인공지능의 개발과 관련 협의체를 만드는 거버넌스를 구축하고 있는 것이다. '인공지능 산업 육성에 관한 법률안'에서는 인공지능 산업을 육성함에 있어 인간의 존엄성이 보호되도록 하고, 인공지능 기술의 모든 단계에서 차별과 편향이 발생하거나 인권이 침해되지 아니하도록 의무를 부과(안 제3조)하기도 했다.

대한민국 제22대 국회에서는 2024년 5월 31일 개원하자 바로 안철수 의원이 대표 발의로 '인공지능 산업 육성 및 신뢰 확보에 관한 법률안'을 제안했다. 6월 17일에는 정점식 의원의 대표 발의로 '인공지능 발전과 신뢰 기반 조성 등에 관한 법률안'이 발의되었다. 6월 19일에는 조인철 의원의 대표 발의로 '인공지능산업 육성 및 신뢰 확보에 관한 법률안'이 발의되었다. 현재까지 총 여섯 개의 법안이 발의되어 계류 중이다.

대부분의 안에서 대통령 소속의 국가인공지능위원회를 두고 인공지능에 대한 기본 계획을 수립하고 추진 상황을 점검, 분석하면서 연구 개발 전략 수립에 관해 심의 · 의결하도록 하고 있다. 그리고 과학기술정보통신부장관이 인공지능 사회 구현과 진흥 및 경쟁력 강화를 위하여 국가인공지능센터를 지정하고 인공지능안전연구소를 운영하는 내용을 담고 있다. 김성원 의원이 대표 발의한 '인공지능 산업 육성 및 신뢰 확보에 관한 법률안'에서는 국무총리 소속으로 인공지능위원회를 두는 내용을

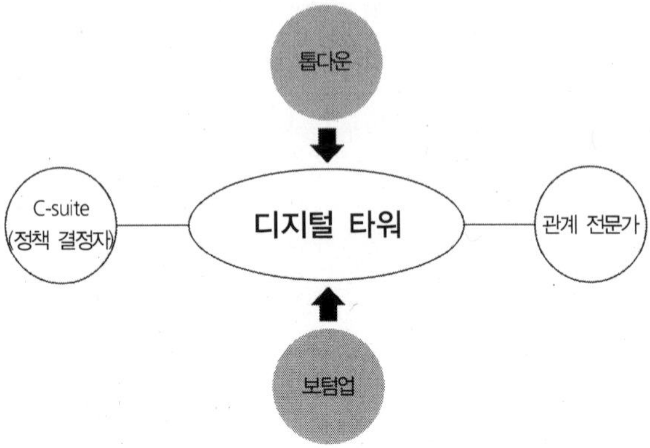

그림 6-1. 디지털 지능 정보화 사회에서의 공사 영역의 의사 결정 방식.

정하고, 인공지능이 고위험 영역에서 활용되는 인공지능에 해당하는지에 대한 확인을 과학기술정보통신부 장관에게 요청할 수 있고, 과학기술정보통신부 장관은 이에 대한 확인을 하도록(안 제26조) 하고 고위험 영역에서 활용되는 인공지능을 이용하여 제품 또는 서비스를 제공하려는 자는 해당 제품 또는 서비스가 고위험 영역에서 활용되는 인공지능에 기반하여 운용된다는 사실을 이용자에게 사전에 고지(안 제27조)하는 내용을 담고 있다.

어떠한 안에서도 그림 6-1과 같이 인공지능의 정책과 인공지능으로부터 나오는 산출물에 대해 상호 검토하는 디지털 타워 또는 인공지능 데이터 타워를 구축하고 이에 요구되는 블록체인 등 보안 기술의 강화 및 개인정보 보호의 과제 또한 병행적으로 검토되어야 할 것이다.

이러한 새로운 디지털 · 인공지능 거버넌스에는 적법성, 중립성, 합리성 투명성이 요구되며 좋은 거버넌스는 효과적이고 정확해야 한다. 이를 통하여 행정에서의 편향성, 불분명한 결정 이유를 회피할 수 있도록 설계될 수 있다. 이를 위해서 위의 디지털 타워에서 근거가 되는 많은 데이터를 분석하고, 정책 결정자는 물론 관련 전문가가 참여하여 조언하는 거버넌스가 합리적이라는 것이다. 이러한 거버넌스에서 정보 공개나 알고리즘의 투명성 검토도 할 수 있다(최승필, 2020).

또 AI에 의한 불법적인 개인정보 침해 등의 역기능에 대한 충분한 대비도 필요하다. 2020년 12월 인공지능 챗봇 이루다의 출시 과정에서 이용자 카카오톡 데이터 1700만 건이 외부 유출되어 실제 주소, 이름, 계좌 정보가 새어 나갔다. 게다가 이루다는 사용자가 성소수자에 대해 어떻게 생각하느냐고 질문했을 때 혐오스럽다고 답변하거나, 일부 이용자들에게 외설적 목적으로 사용되는 문제가 발생하여 서비스를 중단했다.

따라서 국가는 디지털 · AI 거버넌스를 대비하면서 이러한 역기능에 대한 통제 및 구제 방법에 대한 해결책도 계속 논의해야 한다. 새로운 디지털 · AI 거버넌스 논의는 우리 헌법이 지향하는 ① 기본적 인권 보장, ② 효과적인 갈등의 조정, ③ 공공재의 확대에 기여할 수 있고 신뢰할 수 있으며 인간을 위한 거버넌스 논의로 계속되어야 한다.

참고문헌

'공공데이터의제공및이용활성화에관한법률'(시행 2023.11.17, 법률 제19408호).

공동성·윤기웅(2018). 법적·관료적 거버넌스 모형-모델링을 위한 메타분석을 중심으로. ≪현대사회의 행정≫, 제28권 제2호, 2쪽.

김자회 외(2017). 지능형 자율로봇에 대한 전자적 인격 부여 - EU 결의안을 중심으로 -, ≪법조≫, 66권 4호.

김중권(2018). 『EU행정법연구』. 법문사.

NIA 한국정보화진흥원(2019). 『인공지능 윤리 가이드라인- 일본과 EU 사례를 중심으로』.

박선영(2024). AI 거버넌스의 정의와 쟁점 및 발전 과제: 비판적 관점. ≪교육정치학연구≫, 제31집 제1호.

손형섭(2021). 디지털 전환에 의한 지능정보화 사회의 거버넌스 연구. ≪공법연구≫, 제49집 제3호.

조정은 외(2018). 『인공지능시대 법적 대응과 사회적 수용』. 정보통신정책연구원. 협동연구 총서.

최승필(2020). 공공행정에서 AI의 활용과 행정법적 쟁점-행정작용을 중심으로-. 지능정보화사회에서 공법학의 과제. 2020년 한국공법학자대회.

한수웅(2015). 『헌법학』, 법문사.

BBCNewsKorea(2021.1.14). 이루다: AI 시대에 우리의 사생활은 지켜질 수 있을까?. https://www.bbc.com/korean/news-55659434

07
AI와 사법 시스템

우리는 어떠한 사법 시스템을 갖추고 있으며, AI에 의한 재판은 어떻게 변화될 것인가? AI 판사가 실현될 수 있을까? 재판 업무의 효율성 및 판사의 업무 지원을 위하여 인공지능은 많은 역할을 하게 될 것이다.

AI와 윤동주?

사법 시스템은 무엇인가?

먼저 사법(司法)이란 뜻은 구체적인 법적 분쟁이 발생한 경우 이에 관한 법을 해석하고 판단하는 작용을 의미한다. 대한민국 헌법 제101조에서는 "사법권(司法權)은 법관으로 구성된 법원에 속한다. 법원(法院)은 최고법원인 대법원과 각급 법원으로 조직된다"라고 규정하여 사법권을 법원에 부여하고 있다.

대한민국의 헌법은 국가권력의 남용을 방지하고 국민의 자유와 권리를 확보하기 위한 기본 원리로서 채택한 삼권 분립주의의 구체적 표현으로 일체의 법률적 쟁송을 심리 · 재판하는 작용인 사법 작용은 헌법 그 자체에 의한 유보가 없는 한 오로지 대법원을 최고법원으로 하는 법원만이 담당할 수 있음을 의미한다. 법원은 대법원, 고등법원, 지방법원 등으로 구성되는데 대법원은 대법원장과 대법관으로 구성되며 대법원장을 포함하여 14인의 대법관으로 구성된다.

그런데 구체적인 사건에 대하여 판단하는 사법 기능은 일부 헌법재판소에도 인정되고 있다. 즉 헌법은 제111조 제1항에서 헌법재판소에 위헌법률심판, 탄핵심판, 정당해산심판, 권한쟁의심판, 헌법소원심판 권한을 부여하고 있다.

위헌법률심판(구체적 규범 통제)은 구체적인 소송사건이 제기되었을 때 법원의 제청에 의해 그 사건에 적용될 법률의 위헌 여부를 가리거나 헌법에 합치되도록 해석하여 법률의 합헌성을 통제하는 제도다. 탄핵심판 제도는 대통령 기타 공무원이 헌법이나 법률을 위반하여 직무 집행을 한 때에는 국회가 탄핵소추를 의결하고 헌법재판소가 탄핵을 결정하는 제도를 말한다. 정당해산심판 제도는 정당의 목적이나 활동이 민주적 기본 질서에 위배될 때 정부의 제소에 의해 헌법재판소가 정당의 해산 여부를 결정하는 제도를 말한다. 권한쟁의심판은 국가기관 또는 지방자치단체 간의 권한 존부나 범위에 관하여 분쟁이 발생한 경우에 헌법재판소가 권한의 존부·범위·내용 등을 명백히 함으로써 기관 간의 분쟁을 해결하는 제도를 말한다. 헌법소원심판은 위헌적인 공권력의 행사 또는 불행사로 말미암아 헌법상 보장된 기본권을 침해당한 자가 공권력의 위헌 여부 심사를 청구하는 제도를 말한다. 헌법소원심판은 권리구제형 헌법소원(헌재법 제68조 제1항)과 위헌심사형 헌법소원(동법 제68조 제2항)이 있다.

이처럼 구체적인 사건에 관하여 판단하는 작용을 대법원과 헌법재판소에 맡기고 양 기관의 독립성을 헌법적으로 보장하고 있는 것이 대한민국 사법 시스템의 모습이다. 이것은 일반적이고 추상적인 법률을 만드는 권한을 입법부인 국회에 부여한 것에 비교된다.

인공지능은 재판에 어떠한 영향을 미치는가?

법관이 형의 종류를 정하고 형량을 정하는 것을 양형이라고 하는데, 판사가 이러한 양형 판단을 하는 경우 인공지능을 이용한 범죄자의 재범 위험 예측 평가가 이루어질 수 있다. 2016년 미국의 위스콘신주에서 이미 형량 판단에 AI 프로그램을 활용했다. 미국 위스콘신주 법원이 형사사건 선고 전 조사보고서에 콤파스(COMPAS)라는 재범 위험 평가 알고리즘을 참고하여 판결한 사건에서, 이 콤파스를 활용한 판결이 헌법상 적법 절차 원칙을 위반하였다는 소송이 제기되었다.

여기서는 ① 알고리즘이 블랙박스화되어 이유가 설명되지 않은 점, ② 이러한 평가는 같은 속성을 가진 자가 재범할 일반적인 가능성을 예측한 것일 뿐, 해당 피고인이 재범을 할 구체적인 가능성을 예측한 것이 아니라는 점, ③ 이 시스템이 흑인의 재범 위험을 백인의 두 배 정도로 추정하는 인종차별적 경향을 가진 점이 문제 되었던 것이다(신국미, 2021).

그러나 미국의 법원은 판단에 콤파스가 유일한 요소가 된 것은 아니라는 점에서 청구를 기각했다. 즉 예측 평가 시스템을 활용하여도 판사의 판단 자료로 활용되는 것이기에 문제가 되지 않는다고 했다. 이후 콤파스에서 흑인 및 라티노에 대한 재범 위험성이 백인보다 두 배 높게 나온다는 보도가 나왔고, 개발자 스스로도 이 인공지능이 평가하는 재발 위험성에 문제점이 있으며 재판에서 재범률 평가를 위해 사용하는 것에 적절하지 않다는 의견을 내기도 했다.

사실 인간은 컴퓨터에 의한 자동화된 판단을 과신하고, 그 판단을 잘 이해하지 못한 채 그대로 받아들이는 자동화 편향(automation bias)을 내포하고 있다고 지적되는데, 인공지능을 활용한 결정에서 인간이 유의해야 할 점이다.

AI 판사의 등장?

이미 법률 영역에서의 데이터 기반 분석을 넘어 인공지능에 의한 법률 서비스 시장은 급격하게 성장하고 있다. 미국 연방대법원장인 존 로버츠(John G. Roberts Jr)도 2018년 인공지능이 재판에서 판사를 조력하는 날은 이미 도래했고, 사법부가 어떻게 업무를 수행하는지에 대한 상당한 압박을 주고 있다고 했다(한애라, 2019).

유럽연합(EU)에서는 2016년부터 사이버 정의를 향한 변화 촉발을 위한 가이드라인을 발표하는 등 '유럽의 사법 효율을 위한 유럽위원회(CEPEJ)'에서 인공지능에 의한 사법 시스템에 대한 연구를 계속해 왔다. 그리고 2018년부터 AI 유럽 사법윤리헌장을 제정했다. 여기서는 AI 유럽 사법윤리헌장 5대 원칙을 정했는데 그 내용은 다음과 같다.

① 기본권 존중의 원칙: 인공지능 도구와 서비스의 설계와 채택이 기본권에 부합하도록 명확히 한다. 사법부의 결정과 데이터에 대한 프로세싱은 유럽인권협약 및 개인정보보호협약에 의해 보장되는 기본권에 부합하여야 한다. 또한, 인공지능은 법의 지배 및 심판 과정에서 법관의 독립에 대한 존중을 기반으로 이용되어야 한다.

② 차별 금지의 원칙: 개인 혹은 집단 간의 차별을 창출하거나 강화하는 것은 특히 금지한다. 프로세싱이 민감한 데이터와 직간접적으로 관련된 경우, 개발 및 적용 단계 양쪽에서 특별한 주의가 있어야 한다. 소위 인종적 또는 민족적 출신, 사회경제적 배경, 정치적 견해, 종교적 또는 철학적 신념, 노동조합 가입 여부, 유전 데이터, 생물학적 데이터, 건강 관련 데이터, 성생활 또는 성적

지향 관련 데이터를 가리킨다.

③ 품질과 보안의 원칙: 사법적 결정과 데이터의 처리와 관련하여, 검증된 소스와 무형 데이터를 학제 간 연구를 통하여 정련된 모델에 따라 보안된 기술 환경에서 사용한다. 사법적 결정에 기초한 데이터가 머신러닝 알고리즘을 채택한 소프트웨어에 입력되는 경우 이 데이터는 검증된 소스로부터 제공되어야 하며 학습 메커니즘에 의하여 실제로 이용되기 전까지 수정되어서는 안 된다. 따라서 전체 처리 과정은 추적 가능해야 하며 이를 통하여 프로세싱되는 결정의 내용이나 의미에 수정이 가해지지 않았음을 명확히 해야 한다.

④ 투명성, 불편 부당성, 공정성의 원칙: 데이터 처리 방법을 접근 가능하고 이해할 수 있도록 하고 외부 감사를 허용한다. 독립적인 권한 당국이나 전문가에게 프로세싱 수단을 공인하고 감사하거나 사전에 조언을 제공하는 임무를 부여할 수도 있다. 권한 당국이 인증을 부여하고 정기적으로 검사할 수도 있다.

⑤ 이용자에 의한 통제의 원칙: 처방적인 접근을 배제하고, 이용자가 정보를 가진 행위자로서 선택의 통제권을 행사하도록 한다. 이용자는 인공지능 툴에 의해 제공된 결론이 구속력이 있는지, 다른 선택이 가능한지, 법적

조언을 받을 권리와 법원에 대한 접근권을 가지는지에 관한 정보를 명확히 하고 이해할 수 있는 용어로 제공받아야 한다(한애라, 2019).

대한민국에서는 2018년 4월 '스마트 법원 4.0'이라는 전자소송 시스템 구축 사업을 발표하여 민사소송에서 전자소송이 이미 구현되고 있다. 2024년 10월에는 형사재판에서도 전자소송이 구현될 전망이다.

인공지능이 재판에 필요한 데이터 분석에 관하여 조력할 수 있도록 하는 것을 목표로, 대법원은 회생 · 파산 사건에 관한 데이터를 인공지능이 분석하여 판결에 조력할 수 있도록 하는 연구를 2020년부터 발주하기도 했다.

인공지능이 돕는 판결 및 양형 결정에 대한 기대와 불안감은 공존한다. 이의 선결 조건으로 사법 데이터의 공개, AI의 학습에 필요한 디지털 데이터 공개 등의 논의가 필요하다. 국내에서는 법관의 판결에 대한 데이터베이스를 전면 공개하고 있지는 않다. 일부 판결문만 공개하며 그나마도 전문을 제공하지는 않는다.

소송 기록의 경우 상당 부분은 작성한 당사자가 그 공개에 동의했다고 할 수 없으므로 전자소송에서 당사자가 이를 법원 시스템에 등록했다고 해도 일반에게 공개되는 것이 타당하고 할 수는 없다. 또, 이러한 사법 데이터를 법원만이 독점해서는 안 된다는 비판도 있다. 이러한 논의에는 개인정보 보호법, 저작권법의 쟁점들이 같이 고려될 필요가 있고 여기에서 데이터 분석과 인공지능 활용, 그리고 보안 문제가 큰 이슈가 된다.

AI에 의한 사법 처리의 핵심 기술은 자연어 처리와 머신러닝에 있지만 이를 통해 법적 추론을 잘하는 AI 알고리즘의 개발은 아직 그 속도와 정확도에서 시험 단계에 있다.

법관의 과도한 업무를 줄이기 위하여 AI를 활용해야 한다는 요구가 크고, AI를 활용하여 공정한 재판에 더욱 가깝게 나아가야 한다는 사회적 요구도 있다. 하지만 헌법에서 인정한 사법 시스템과 법관의 독립성을 지키면서 수행 가능한 AI의 사법 시스템 보조에 대해서는 앞으로도 계속 연구될 것이고, 우리가 인식하지 못하는 사이에 종래 사법 시스템에서 AI가 차지하게 될 영역이 많이 있을 것으로 예상된다.

참고문헌

신국미(2021). 인공지능과 인간의 존엄성. ≪부동산법학≫, 제25권 제1호.

한애라(2019). “사법시스템과 사법환경에서의 인공지능 이용에 관한 유럽 윤리헌장”의 검토-민사사법절차에서의 인공지능 도입 논의와 관련하여. ≪저스티스≫, 제172호.

State v. Loomis, 881 N.W.2d 749(Wis.2016).

08
AI를 통한 입법 시스템

우리 국회의 입법은 어떻게 이루어질까? 이러한 입법 시스템에 AI를 활용하면 어떻게 변화될까? 국가의 정책을 결정하고 국민을 위해 법을 제정하는 국회의 활동에서도 인공지능을 활용하여 정보를 분석하고 좋은 법안을 검토할 수 있는 시스템으로 일 잘하는 국회를 만들게 될 수 있을 것인가?

AI와 한의학?

입법 시스템이란 무엇인가?

입법이란 의회에서 제정한 법규범을 의미하는 형식적인 의미의 법률을 제정하는 것이다. 이 법은 일반적이고 추상적인 내용을 담고 있어 모든 국민을 그 적용 대상으로 하고, 한 나라의 국토와 국법이 미치는 범위 내에서 외국인에게도 그 법의 집행에 따를 것이 요구된다. 구체적인 사건에 구체적인 판단을 하는 사법과 대비되는 작용이다.

대한민국에서는 헌법 제40조에서 입법권은 국회에 속한다고 규정한다. 이는 국민의 권리와 의무에 관한 사항을 비롯하여 국가의 중요 통치 작용에 관한 기본적이고도 본질적인 사항은 반드시 국회가 정해야 한다는 의회유보 원칙을 선언한 규정이기도 하다. 대한민국에서 헌법은 국민의 자유를 보장하고 일부 헌법 유보, 법률 유보로 국민의 자유를 규제하는 경우에는 그와 같은 헌법과 법률에 근거가 있어야 한다.

입법권을 행사하는 국회는 보통 · 평등 · 직접 · 비밀 선거에서 선출된 임기 4년의 국회의원으로 구성된다. 국회의원의 수와 선거구 · 비례대표제 기타 선거구에 관한 사항은 법률로 정하며, 국회의원은 200인 이상으로 하는데 2024년 5월 31일 개원한 제22대 국회는 300명의 국회의원으로 구성되어 있다.

입법에 관한 권한으로 헌법 개정에 관한 권한, 법률 제정에 관한 권한, 조약의 체결 · 비준에 대한 동의권, 국회 규칙 제정에 관한 권한 등이 있다. 제정에 관한 권한으로 제정 입법권, 예산안 심의 · 확정권, 정부의 재정 행위에 대한 동의권과 승인권, 결산 심의권 등이 있다.

헌법 제52조에서 국회의원과 정부는 법률안을 제출할 수 있다고 규정하여, 대한민국에서 법률안은 정부에서 제출하거나 국회의원이 의원 10인 이상의 찬성을 얻어 발의할 수 있다(국회법 제79조 제1항). 이 발의된 안은 국회의 소관 상임위원회에 회부된다. 소관 상임위원회에서는 전체 회의 또는 소위원회를 구성하여 법률안을 심사하며, 필요한 경우에는 공청회를 개최하여 이해관계인의 의견을 듣고 심사를 하기도 한다. 소관 상임위원회 전체 회의의 의결을 거친 법률안은 다시 법률안의 자구와 체계 심사를 위하여 법제사법위원회에 회부된다. 법제사법위원회에서 자구 · 체계가 정리된 법률안은 다시 국회 본회의에 회부되어 국회 재적 의원 과반수의 출석과 출석 의원 과반수의 찬성으로 의결된다.

이후 국회에서 성립된 법률안이 정부로 이송되면 법제처는 국무회의 상정 안건의 작성 요령에 따라 법률

공포안을 작성하여 국무회의에 상정한다. 국무회의의 심의를 마치면 국무총리 및 관계 국무위원이 부서하고, 대통령이 재가한다. 다만, 대통령은 국회에서 이송되어 온 법률안에 이의가 있을 때 이송되어 온 후 15일 이내에 이의서를 붙여 국회로 환부하고 재의를 요구할 수 있다. 재의 요구된 법률안은 국회에서 재의에 부친 결과 재적 의원 과반수의 출석과 출석 의원 3분의 2 이상의 찬성으로 전과 같은 의결을 하면 법률로 확정되고, 대통령은 확정된 법률이 정부로 이송된 후 지체 없이 공포하여야 한다. 법률안이 국회에서 정부로 이송되어 국무회의의 심의를 거쳐 대통령의 재가를 받은 경우, 그 법률안 및 대통령령안은 법제처에서 공포 번호를 부여한 후 행정안전부의 관보에 게재하여 공포하게 된다.

법률안 및 대통령령안은 관보에 게재되어 공포됨으로써 각각 법률 및 대통령령으로서 성립하게 된다. 부령 및 총리령은 법제처 심사가 완료된 후 소관 부처에서 해당 부령의 공포 번호를 부여하고 행정안전부에 관보 게재 의뢰를 하여 공포한다.

AI를 활용한 통한 입법 시스템은 가능한가?

그런데 이러한 입법 시스템은 언제나 사회 현상을 뒤따

라가게 되는 후행 지표가 되기 쉽다. 세계적인 미래학자 앨빈 토플러(Alvin Toffler)는 기술 문명은 시속 100마일로 달리고 있는데, 정치는 3마일, 법은 1마일로 가고 있다고 했다고 한다. 우리가 대처할 것은 기술의 변화에 따른 법의 개선 방향에 대한 신속한 검토이고 여기에는 기술과 법률 전문가 양자의 상호 기술-법에 대한 지식과 국가 사회 발전에 대한 공동의 인식이 필요하다. 그러니 국민들은 시기에 적절한 최적의 법률이 만들어지기를 기대하게 되는데, 이것이 인공지능의 예측력에 기대를 걸게 되는 점이다.

이미 정치나 정책의 결정에 AI의 활용이 등장하고 있다. 뉴욕시에서는 데이터 분석실이 시 소방국과 함께 AI를 이용하여 건축물의 검사관을 파견하는 장소를 정하고 있다. 또 미시간주의 도시에서는 구글과 미시간대학과 연대하여 수도관의 부식을 예측하고 파이프 등의 공사가 필요한 장소를 특정하는 기술을 개발했다(손형섭, 2021).

그런데 주의할 것은, AI가 스스로 학습을 시작하여 그 알고리즘이 고도로 복잡해지고 있다는 것이다. 앞으로는 입법 정보를 플랫폼화한 후, 관련 정보는 AI를 통해 분석하고 입법안을 제시하도록 하는 시스템을 구축할 수 있다. 이렇게 되면 국회의 입법 활동을 지원할 수도 있고, 나아가 국회의원이 입법 활동을 실질적으로 체크하고 감시하는 것도 어렵지 않게 된다. 그런데 AI가 공개 포럼에서 국회가 민주적으로 결정한 정책의 기본 내용과 목적과는 다른 입법을 지도하거나 그것이 국회를 통과하게 된다면, 실질적으로 입법권이 국회로부터 AI에 이전되는 것이다.

이러한 사태를 피하고자 국회 내부에 국회의원 외 알고리즘 분석 능력을 갖춘 전문가와 AI 입법의 사회적, 실질적인 영향을 평가하는 전문가 등을 두어, 입법 시스템을 인공지능 시스템을 활용하여 검토하고, 체크하는 체계를 구축하고 이를 계속 국민에게 공개하고 설명함으로써 국민주권과 인공지능 분석의 효율성을 접목하는 제도를 만드는 것이 기대된다.

데이터 사이언스의 측면에서 "입법의 권한을 AI에 위임하는 편이 결과적으로 보다 좋은 정책 실현 방법이 될 것이다"라는 견해는 헌법이 보장하는 민주주의에 부합하지 않는다. 무엇이 더 좋은 결과인가는 개인의 가치관에 의해 변경될 수 있다. 따라서 국회라는 개방된 플랫폼에서 민주적 정책 방향성 등에 대하여 공개적인 토론을 통해 신랄하게 비판받고 수정하는 과정을 거쳐 국민 합의를 얻는 입법의 절차가 필요하다. 헌법상 정책 목적과 이를 실현하는 수단에는 오류가 있을 수 있기 때문에, 이러한 내용에 대한 민주적 책임 추급의 절차가 필요하다.

따라서 AI가 국회의원보다도 상대적으로 좋은 판단을 할 것이기 때문에 민주적 책임 추급의 회로는 비워 두어도 좋다고 생각하는 사고를 절대군주제, 즉 AI 군주제와 같은 발상이라 할 수 있다. 확실히 좋은 군주나 철인 정치가 가능하다면 민주적 회로는 오히려 방해된다. 이러한 발상으로 AI를 취급한다면 국민주권을 제시한 현대 헌법의 근간이 흔들릴 수 있다.

디지털 플랫폼을 통한 정치 의사 개진 촉진에는 입법부와 행정부에 의한 참여 촉진 사례가 사법부에 비해 많으며 긍정적인 기능성이 높다(정필운 외, 2019).

그동안의 입법 권력이 정부와 국회, 그리고 일부 전문가들의 것이었다면, 이제는 현실 산업계의 사람들이 불편함을 호소할 수 있도록 하고 국회의 각 위원회에서 이를 검토하고 답변하면서 법률의 구체적인 개정 방향을 논의할 수 있도록 해야 한다. 즉, 국회법과 국회 청원 규칙의 수정을 통하여, 국회 청원 제도도 4차 산업혁명 시기에 어울리게 손보는 것이다. 홈페이지와 애플리케이션 등을 통하여 "해결되어야 할 법과 정책적 개혁 제안을 수용하고 이를 위한 의견 수렴, 전문가의 대안 도출을 위한 공청회 개최와 이를 통한 개혁 방안으로 법안 작성, 검토의 진행 과정"을 수렴 · 처리할 수 있게 되면 좋다.

외국의 예를 검토하면, 국회의 청원에서 의원의 추천을 강제하는 제도는 개선하고, 디지털 청원 플랫폼 시스템을 통해 추천 및 입안 활동이 관리되고 지원되고 공개되며 감시되는 합리적인 시스템의 구축이 필요하며 대한민국의 국회 전자청원제도에서 일부 반영되었다. 단순히 국회 홈페이지를 이용하는 것이 아니라 애플리케이션을 사용하여 기술 전문가와 법률 전문가를 포함한 국민과 국회, 해당 위원회와 의원 등이 긴밀하게 연결되어 상호 소통하고 법안의 처리 과정이 공개 진행되어야 4차 산업혁명에 걸맞은 국회의 모습을 만들 수 있다. 이것으로 종래 입법 권력이 로비와 밀실에서 혹은 일부 전문가와 기득권자의 의견에 휘둘렸던 것과 달리, 투명하게 공개되어 국민과 스마트 사회에 넘겨지게 될 것이다. 물론 디지털 플랫폼에 의한 정치 결정과 AI에 의한 정책 결정도 너무 많아지지 않도록 또 정치 의사가 왜곡되지 않도록 하는 꾸준한 감시와 검토가 필요하다.

2019년에 국회 각 위원회에서 법안소위가 고작 2회 남짓 개최되어 국회에서 거의 논의되지 못하고 통과시

킨 법안이 많다. 디지털 플랫폼에서 입법의 논의 과정이 공개되고 중간에 입법을 촉구할 수 있는 정당한 플랫폼과 토의의 장을 만들어 두는 것이 좋다. 국회의 입법을 위해 여론을 사용하거나 국회의원의 홈페이지에 개인적인 청원을 제출하는 것 등과 같이 비전형적인 다양한 노력이 있었지만, 그 실효성에 대해서는 의문이다. 디지털 플랫폼을 이용하여 이러한 입법 청원과 입법을 구체적으로 실현할 수 있도록 하는 제도의 구현이 필요하다. 근거로 개정 국회법 제123조의2의 전자 청원 시스템 규정의 효과적인 활용이 추진되어야 한다.

AI를 활용한 통한 입법 시스템의 구체화

국회의 조직, 의사(議事), 그 밖의 운영에 관한 사항을 규정한 것이 국회법이다. 여기에는 헌법상 보장한 국민의 청원권을, 국회에 제기하는 내용이 규정되어 있다. 따라서 국회에서 청원이 제출되면 그 내용을 구분한 후 위원회에 회부된 지 30일이 지난 날 소관 위원회에 자동 상정하게 된다. 국회에 입법에 관한 내용 등을 청원하려는 자는 의원의 소개를 받거나 국회 규칙으로 정한 기간 동안 국회 규칙에 정해진 일정한 수 이상의 국민의 동의를 받아 청원서를 제출하게 되는데(국회법 제123조), 국회 청원 심사 규칙에 따르면 청원서 등록일부터 30일 이내에 100명 이상의 찬성을 받고 청원 불수리 사항이 아닌 것으로 결정되면, 청원서의 내용이 일반인에게 공개된다. 이 공개된 청원서는 공개된 날로부터 30일 이내에 5만 명 이상의 동의를 받은 경우 국민 동의 청원으로 접수된 것으로 본다. 여기에 전자 청원 시스템을 활용하게 된다.

이렇게 되면 AI를 통한 전자 청원 시스템의 데이터를 분석하여 청원을 구체적인 정책과 법안으로 만들 수 있다.

따라서 AI에 의한 청원의 분석 및 정책 · 법안 추천이 가능하려면 다음 사항을 고려해야 한다.

① 청원의 제기: 전자 청원 시스템에 글을 게시하는 것뿐만 아니라 다양한 계층의 다양한 의견 수렴을 위하여 음성 파일이나, 유튜브와 같은 동영상에 의한 청원이 가능하도록 검토되어야 한다. 글의 게시에는 본인 인증을 통한 투명성을 강화할 필요가 있다.

② 청원의 통지: 제기된 청원은 각 의원과 해당 상임위원회 그리고 관련 정부 부처에 통지되어야 한다(국회법 제124조). 이러한 청원의 내용상 분류와 통지를 AI를 활용하여 각 위원회, 유관 기관과 의원(실)에 전달한다. 언

론에도 공개될 필요가 있는 경우 청원의 내용이 바로 보도될 수 있도록 하는 것이 좋다.

③ 청원의 심사: 청원이 이루어지면 국회는 이의 공개 여부를 경정하고 공개를 하게 되면 바로 국민에게 청원 동의 서명을 받을 수 있도록 해야 한다. 그리고 청원심사소위원회는 청원 서명 동의 외에도 관련 청원에 대한 토의, 반론, 수정 의견, 구체적인 법안의 작성 방식에 대한 의견이 디지털 플랫폼에 제시되고 논의되도록 하고, 국회의 정례회에서 해당 청원을 심사해야 한다(제59조 제2항). 이때부터 공개된 입법 청원 내용은 각 정부 기관과 각 의원에 의해 우선적으로 입법 발의를 검토할 수 있도록 해야 한다.

④ 청원의 답변: 우선 일정한 인원의 동의를 받은 경우, 관련 위원회 등의 답변이 게시될 수 있도록 하여 토의를 구체적인 입법 논의로 유도해야 할 것이다. ①~④의 과정에서 국회사무처나 관련 기관과 의원은 중간 답변도 할 수 있도록 하고 또 이 과정에서 국민과 국회 전문위원 사이에 토론도 가능하도록 하여, 구체적인 입법으로 연결되도록 하는 것이 좋을 것이다. 이때 관련 분야와 법률 전문가도 초빙되어 구체적인 논의와 답변에 참여하도록 해야 한다. 일정 수준의 국민 동의가 이루어졌

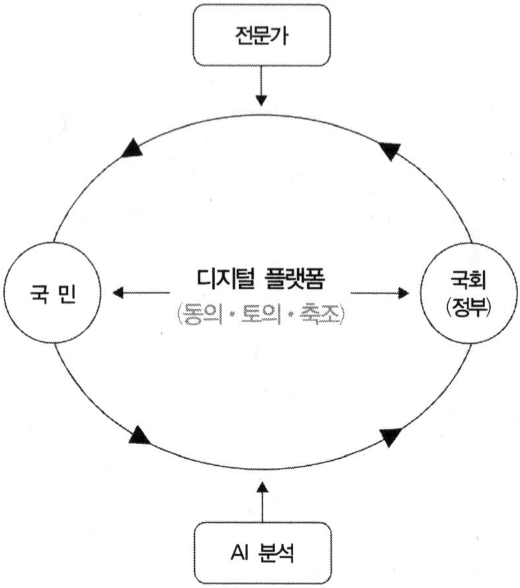

그림 8-1. 입법 청원 디지털 플랫폼

는데 정부나 위원회, 의원실에서 답변이 이루어지지 않으면 국회의장은 담당 위원회의 의원에게 관련 청원에 대한 답변을 요구하거나 입법안을 발의토록 요구하는 절차도 만들 수 있다. 그리고 국회의 본회의를 거쳐 최종적인 청원 결과를 정한다(제115조). 청원 중 정부가 처리하는 것이 타당한 것은 의견서를 첨부하여 정부에 이송한다(제126조).

⑤ 청원 법안의 작성: 그동안의 토의를 기반으로 온라인 실제 입법을 위한 위원회 활동을 통하여 구체적인 법안 축조 작업을 완료해야 한다. 이때 플랫폼은 물론 국회의 해당 상임위원회에서도 축조 작업과 대체 · 수정 토의가 진행되어야 한다.

③~⑤의 과정에서 공식적으로 관련 전문위원(제42조 제4항)과 교수, 변호사, 시민단체의 검토 의견이 추가되어 관련 시민의 논의를 구체화하고 합리적으로 유도하는 방안도 함께 활용되어야 한다. 이때 청원에 대한 동의도 1만 명인 경우, 2만 명인 경우, 10만 명 이상인 경우를 구분하여 각기 통지 및 답변 의무를 가중하는 시스템으로 진행할 수 있다. 그리고 동의와 무관하게 청원을 통지받은 의원, 위원회 등은 청원을 질적으로 평가하고 토론의 활성화를 기준으로 청원의 답변 및 입법 순위를 정할 수 있도록 해야 한다.

이러한 디지털 청원 플랫폼으로 AI를 활용한 청원과 법안의 분석과 제출 시스템이 완성될 수 있다. 이것은 인공지능의 분석과 예측 시스템을 활용하여 국민에게 효과적인 정책과 법안을 제출하는 것으로 구현될 수 있을 것이다. 물론 데이터 보안과 개인정보 보호 및 학습 데이터의 투명성 유지 등이 이러한 AI 입법시스템의 전제 조건이 된다.

참고문헌

손형섭(2021). 디지털 플랫폼과 AI에 의한 국회 전자청원시스템 활성화 연구. ≪유럽헌법연구≫, 제31호.

정필운 외(2019). 과학기술의 발전과 민주주의- 정보기술은 민주주의2091에 활기를 불어 넣을 수 있을까?. 한국헌법학회 2019년 추계학술대회.

정보인권(2023).『인공지능과 정보인권』. 정보인권연구소, 통권 제16호.

법제처. https://www.moleg.go.kr/menu.es?mid=a10105020000

09
AI를 활용한 행정 시스템

행정 시스템이란 무엇이며 AI를 활용한 행정에 대한 기대와 우려에는 무엇이 있는지 생각해 본다. 앞으로 국가에서는 인공지능을 활용하여 보다 효율적인 행정이 고려될 것이다. 이때도 유의해야 할 헌법적 가치와 기본권은 존중되어야 할 것이다.

AI와 화장품?

행정 시스템이란 무엇인가?

행정은 법에 따라 국가 목적을 적극적으로 실현하기 위해 정부가 하는 적극적이고 계속적인 국가 작용이라 할 수 있다. 일반적인 기준을 정하는 입법과 구체적인 판단을 하는 사법 작용과는 다르다.

헌법은 제40조 이하에서 국회를 규정하고, 제66조 이하에서 대통령을 구성하며 그 4항에서 행정권을, 대통령을 수반으로 하는 정부에 속한다고 규정하고 있다. 그리고 제86조에서는 국무총리, 제88조에서는 국무회의, 제94조 이하에서는 행정 각 부에 관해 규정한다.

이러한 행정에서도 AI를 통하여 효율성의 고도화와 공공적 가치를 창출하기 위한 연구가 다각적으로 모색되고 있다. 이미 대한민국에서는 전자 정부를 넘어 디지털 지능 정부로의 전환을 위해 노력해 왔고 현재 AI 기반 행정은 도전적인 분야가 되었다.

감사 시스템이나 복잡한 사회복지 시스템, 그리고 경제시장 정책, 정책 의사 결정과 그 추진, 행정 서비스의 효율화 등 종래 행정 효율성을 AI를 통해 추진해 나갈 수 있다는 기대감으로 다양한 검토가 진행되고 있다.

인공지능을 통한 행정 시스템은 어떻게 되는가? – 빛과 그림자

네덜란드의 시리(Syri)라는 사회 업무 및 고용부 사회복지 급여 분석 시스템에 대하여 네덜란드 정부가 불법적으로 인권을 침해한다고 비판하면서 네덜란드 노동조합연맹이 소송을 제기했다. 2022년 2월 5일 헤이그 지방법원은 시리의 근거 법률인 「네덜란드 노동 및 소득 이행 구조법(SUWI ACT)」이 사생활 및 통신비밀의 권리를 보호하는 유럽인권협약(ECHR) 제8조를 준수하지 않았다고 판결했다. 법원은 시리의 근거 법률이 사생활 침해에 대한 충분한 보호장치를 포함하고 있지 않다고 판결했다. 그리고 이 제도가 경제적 복지를 위해 부정행위를 방지하고 근절해야 하는 공익과, 시스템 활용으로 인한 사생활 침해 사이에서 유럽인권협약의 공정한 균형성(Fair Balance) 심사를 통과하지 못했기 때문에 무효라고 판결했다(정보인권, 2023).

결국, 2022년 4월 5일 네덜란드 하원은 정부에 인권영향 평가를 의무화할 것을 요구하는 결의안을 채택했다. 이 결의안은 네덜란드 정부가 개발한 인권 영향 평가를 의무화하면 알고리즘 남용을 예방할 수 있다고 지적하며, 공공기관이 알고리즘을 사용하여 사람에 대한 평가 또는 결정을 내릴 때 사전 인권 영향 평가를 의무화하고 그 평가 결과 또한 공개할 것을 요구했다(정보인권, 2023).

한편, 2024년 대한민국 정부는 행정안전부를 중심으로 고도화된 AI 행정 지원 서비스를 개발하기 위하여 네이버클라우드, KT, LG, SK와 같은 국내 인공지능 플랫폼 기업들과 업무 협력을 추진하고 있다. 특히 AI 행정 지원 서비스를 개발해 실제 업무에 활용할 계획이다. 행안부는 AI를 통하여 법령, 지침, 사례 분석 등을 하거나 보도자료, 연설문 등 각종 문서 초안을 작성하는 것을 고려하고 있다. 서울시도 AI를 접목한 행정 혁신으로 시민 편의와 공무원 업무 효율성을 높이기 위한 계획을 추진하고 있다. 이렇게 해도 미국의 정보기술(IT) 기업의 규모와 투자에 미치지는 못하지만 각 분야에서 꾸준한 연구 검토를 하고 있는 것은 사실이다.

개인을 대상으로 한 AI 예측도, 각국의 행정 분야에서 추진되고 있다. 예를 들어, 미국의 국세청(IRS)은 2009년부터 신용카드와 은행 거래 등에 관한 데이터를 AI에 학습시켜 탈세 등을 예측하는 프로그램을 만들어 막대한 예산 배분을 받았다. 또 증권거래위원회(SEC)도 금융 시장에서 돌아다니는 무수한 데이터를 분석하고 인사이 더 거래(보험 거래) 등의 위법 행위를 예측하는 AI 개발에 힘을 기울이기 시작했다. 미국의 연방거래위원회(FTC)가 AI를 이용해 반트러스트 심사를 자동화하거나 연방항공국(FAA)이 파일럿 면허 심사 신청자의 적성을 AI로 예측하고 면허 자동 발급을 하는 것이 제안되었다.

한편, 전문가들도 프로필 중심의 의사 결정은 종종 자율적이지만, 그것이 인간의 통제 원칙과는 거리가 있다고 느낀다(Warner, 2017). "자동화된 사물의 형태인 인공지능(AI)과 증강 지능(augmented intelligence)은 사물인터넷(IoT), 디지털 트윈과 함께 이용되어 고도로 통합된 스마트 공간을 제공한다. 이러한 자동화된 프로세스는 자본주의 민주주의에 일정한 이익이 될 수도 있고, 위험이 될 수도 있다. 현재의 사회 제도는 인간이 판단 · 행동하고, 그 판단 · 행동의 결과에 책임을 진다는 것을 전제로 구성되어 있기 때문이다. 그 때문에, 사물인터넷 세계의 사회 제도 · 법 제도가 기술의 발달을 따라잡지 못하는 일이 생긴다. 법 제도의 정비는 항상 시대에 뒤처진다. 새로운 시대를 향한 법 제도 정비의 지연은, 다양한 문제를 일으킨다(福岡真之介, 2017).

대한민국 정부는 국민신문고에 AI 메타버스, 클라우드와 같은 디지털 기술을 접목하여 AI 국민신문고로의 혁신을 추진해 왔다. 국민권익위원회와 한국국토정보공사 등도 디지털 기술 협력 및 데이터 활용을 위해 협력을 하고 있다.

AI를 활용하여 환경부는 폐기물 처리 분야의 통합 관리 사업을 추진하기도 한다. 국립환경원은 폐기물 처리 분야 통합 관리 사업장을 운영하는 지방자치단체와 협업을 통해 통합 환경 관리 제도의 시행을 추진하고 있다.

과학기술정보통신부는 AI 융합을 통해 산업계 현안을 해결하기 위해 신설된 인공지능융합혁신대학원 사업을 추진하며 관련 산학 연구 협력을 모색하고 있다.

챗지피티(ChatGPT)와 같은 민간 서비스가 존재하지만 정부는 별도로 AI 서비스를 개발하여, 개인정보나 대외비 정보 등 민감한 정보 유출을 방지하려 하고 있다. 정부로서는 공무상의 서식 등 행정 업무에 특화된 서비스를 운용할 필요성도 있다. 행안부 관계자는 "공무원이 사용하는 내부 업무 관리 시스템에 적용할 계획"이라며 "중앙 부처, 지자체 일부 공무원을 대상으로 시범 운용하는 동안 서비스 요구 사항 등을 받아 보완해 나갈 것"이라고 한다.

정부는 이러한 AI 행정의 운용을 통하여 AI 행정의 기술 효용성과 실현 가능성을 검증하고 그 운영 결과에 따라 ‘범정부 AI 공통 기반 플랫폼’을 구축하는 것으로 전체 정부 행정의 효율성을 높이는 것을 지향하고 있다. 이미 챗지피티와 같은 생성형 인공지능을 제공하여 업무에 활용하도록 하는 정부 기관 및 공공기관이 늘고 있다.

참고문헌

정보인권(2023). 『인공지능과 정보인권』. 정보인권연구소, 제16호.

K스피릿(2022.5.17). 인공지능으로 정부 행정 효율성 높인다. https://www.ikoreanspirit.com/news/articleView.html?idxno=67638

福岡真之介 外(2017). 『IoTとAIの法律と戦略』. 商事法務.

Warner, R., et al.(2017). The ethics of the algorithm: autonomous systems and the wrapper of human control. 48 Cumb. L. Rev. 37.

Pasquale, F.(2015). The black box society: the secret algoritms that control money and information 216.

한겨레(2023.12.14). AI 공무원이 온다…단순 행정 맡기고, 사람은 민원처리 속도전. https://www.hani.co.kr/arti/area/area_general/1120235.html

10
AI에 관한 남은 과제

AI 윤리 원칙, AI 권리장전, AI 계약 그리고 AI 법제의 도입 논의는 어떠한 과정에 있나? 앞으로 인공지능에 관한 국내법이 제정될 것이다. 하지만 하나의 법으로 AI에 대한 모든 사회 문제를 규율할 수는 없다. 다양한 법제에서 AI를 고려하고 대비한 입법 논의와 정책 논의가 국민의 관심과 토론을 통하여 진행되어야 한다.

종교와 AI?

AI 원칙들

그동안 인공지능을 헌법과 법률로 논하기 전에, 인공지능에 대한 윤리, 원칙 등이 논의되면서 법률 제정 전 단계의 여건을 형성해 왔다. 2019년 경제협력개발기구 인공지능 원칙(OECD, 2019)은 "AI는 포용적 성장, 지속 가능한 개발 및 웰빙을 추진함으로써 사람과 지구에 이익을 가져와야 한다. AI 시스템은 법치, 인권, 민주적 가치 및 다양성을 존중하는 방식으로 설계되어야 하며, 공정한 사회를 보장하기 위해 필요한 경우 인간의 개입을 가능하게 하는 적절한 보호장치를 포함해야 한다. 사람들이 AI 기반 결과를 이해하고 이에 도전할 수 있도록 AI 시스템에 대한 투명성과 책임 있는 공개가 있어야 한다. AI 시스템은 수명 주기 내내 견고하고 안전한 방식으로 작동해야 하며 잠재적인 위험을 지속해서 평가하고 관리해야 한다. AI 시스템을 개발, 배포 또는 운영하는 조직과 개인은 위의 원칙에 따라 적절한 기능에 대해 책임을 부여해야 한다"는 인간 중심의 인공지능을 지향하는 내용을 담고 있다.

2019년 5월 경제협력개발기구가 합의한 AI 권고안에서는 인간 중심의 가치, AI 기술의 투명성과 설명 가능성, 보안성, 안정성, 책임성 등의 가치를 AI 관리 책무로 정했다. 이 권고안에서는 신뢰할 만한 AI를 실현하기 위한 틀을 정했다. 기본권 및 윤리 원칙을 구체화한 요청에서는 ① 인간의 주체성과 감독, ② 기술적인 견고성과 안전, ③ 개인정보 보호 및 데이터 거버넌스, ④ 투명성, ⑤ 다양성, 차별 금지 및 공정, ⑥ 사회적 및 환경 복지, ⑦ 책임을 정했다.

AI가 동적 환경 속에서 지속적으로 발전하고 행동해 나갈 것이라는 인식을 바탕으로 AI의 수명 주기 동안 지속적으로 그러한 요청을 실현하기 위한 기술적 방법 및 비기술적인 방법(표준화, 인증, 교육 등)을 채용하려 했다.

일본의 AI 윤리 지침에서는 인공지능 소프트웨어를 데이터, 정보 또는 지식을 학습하거나 다른 방법으로 활용하는 과정에서 자체 출력 또는 프로그램을 변경하는 기능을 가진 소프트웨어로 정의했다. 2016년부터 일본은 'AI 개발 가이드라인'을 발표했다. 그리고 2018년부터 '인간 중심의 AI 사회 원칙'을 수립했다. 2018년 일본 내각의 인간 중심 AI 사회 원칙 검토회에서 '인간 중심의 AI 사회 원칙'을 도출했고 AI를 통해서 인간의 존엄성이 존중되는 사회, 다양한 배경을 가진 사람들이 다양한 행복을 추구하는 사회, 지속 가능한(sustainable) 사회를 지향하는 원칙을 정했다. 일본 내각에서는 인간 중심의 AI 윤리 및 거버넌스 회의를 개최했다. 이 콘퍼런스는 2019년 3월 '인간 중심의 AI 사회 원칙'을 발표했다. 이 원칙은 존엄성, 다양성 및 포용성 및 지속 가능성을 기본 철학으로 삼고 있다. 이 원칙은 인간 중심의 AI, AI 교육, 문해력, 개인정보 보호, 보안의 보장, 공정한 경쟁, 공정성, 책임성, 투명성 및 혁신으로 구성됐다. 일본은 "인간 중심"의 진정한 의미를 이해한 후, 실현해야 할 미래 사회로 가기 위해서 AI 사회 구현을 고려하는 것이 필요하다고 판단했다. 이를 위해서는 인간 중심을 고려한 균형 있는 연구 개발, 사회 구현을 추진함으로써 지속성 있는 "건전한 AI 사회"를 실현하는 세계 선진 전략을 지향해야 한다는 것이다. 이러한 원칙을 바탕으로 일본 정부는 신뢰할 수 있는 AI 개발 및 배포를 위한 국제 원칙 수립을 위한 국제적 논의를 제안했다.

2019년 3월 이노베이션 전략 추진 회의를 통해 AI 거버넌스와 인간 중심의 AI 사회 원칙을 정하고 각 성청의 AI 전략, 윤리 논의를 추진했다. 그리고 2019년 6월 오사카 주요20개국(G20) 정상회의에서 G20 AI 원칙을 선언하여 신뢰할 수 있는 AI를 위한 국제 협력을 촉구했다. 이로써 일본에 2020년부터 'AI 원칙 붐'이 도래하게 되었다고 한다. AI 사용에서 결의 표명과 같이 지침이나 원칙 등을 공표하는 경향이, 많은 기업이나 다양한 조직에서 두드러진다는 것이다. 일본 총무성의 'AI 네트워크 사회 추진회의'에서도 검토가 이루어졌다. AI 연구 개발 원칙과 "이용과 활용 원칙"을 답습한 원칙들이 넓게 책정되어 공표될 것이라는 내용이었다.

2020년 1월 일본에서 약 10개 회사가 그런 원칙을 공표했다. 총무성 'AI 네트워크 사회 추진 회의'에서 검토가 이루어진 원칙에 입각하면서도, 회시에서 독자직으로 검토한 대처법을 원칙에 포함하고 있다. 앞으로도 많은 사업자가 그 동향을 추종할 것으로 생각하지만, AI 원칙 붐을 놓치지 않으려 형식적으로 원칙을 공개하는 사업자가 증가한에 따라 다양한 문제가 발생할 수도 있다. AI 원칙을 학술적으로 연구하는 시도와 기회도 늘어날 것이다.

국내에서도 다양한 조직에서 인공지능을 활용하는 제반 원칙을 정부가 계속 공포할 것이다. 반면, 원칙의 공표가 확산하면서 원칙 수립이 본래의 AI 원칙의 의도 · 의미와는 다른 방향으로 진행될 우려도 있다. 인공지능에 대하여 형식적인 원칙 공개가 확산함에 따라 원칙을 담은 문서 공표의 의미가 희석될 수 있다는 것이다. 예를 들어 종래 개인정보 보호법에 따른 개인정보의 취급에 관한 법정 공표 사항의 공표 및 '개인정보 보호 관리 시스템(PIMS)'에 따른 개인정보 방침이 제정된 이후 이를 복제한 개인정보 정책이 범람하고 형식적이고 유명무실한 개인정보 보호 정책이 되어 버렸다는 평가가 있다.

AI 사용에서 "준수해야 할 원칙"은 그 원칙이 공표되는 데 의미가 있는 것이 아니라, 그 원칙이 필요하기 때문에 원칙을 세워 준수하기 위해 노력하는 데 의의가 있다. '원칙' 자체를 공표하는 것에 의의가 있는 것이 아니라, 왜 그 원칙이 필요하고 원칙에 따라 무엇을 해야 하는가를 생각한 결과, 그것이 원칙적으로 구현되는 것이다. 마찬가지로 단순한 불구속 원칙으로 AI 원칙 활용을 요구하는 단계에서, 향후 점진적으로 입법을 통해 이를 구체화하고 구속적으로 실현하는 방향을 검토하는 것이 좋을 것이다. 인공지능을 활용하는 조직에서 자발적인 이러한 인공지능 원칙 정립이 실질적으로 안전하고 신뢰할 수 있는 인공지능의 활용으로 이어지기를 바란다.

결국, 이러한 AI 윤리 원칙 논의를 통하여 유럽연합의 인공지능법과 같이 각국의 입법 논의로 점차 진행될 것으로 예상된다.

AI 권리장전

대한민국 정부는 2023년 디지털 심화 사회에 맞는 국가적 차원의 기준과 원칙을 제시하기 위하여 디지털 질서 규범의 기본 방향을 담은 '디지털 권리장전'을 만들어 공개했다. 이를 과학기술정보통신부가 중심으로 작성하여 디지털 공동번영사회의 가치와 원칙에 대한 헌장이라는 이름으로 공개했다.

그 내용은 총 6장, 28개 조가 담긴 본문으로 만들어졌다. 제1장에서는 '디지털 공동번영사회' 구현을 위한 기본 원칙이 규정되었다. 해당 기본 원칙은 모두 5가지로 '자유와 권리의 보장', '공정한 접근과 기회의 균등', '안전과 신뢰의 확보', '디지털 혁신의 촉진' 그리고 '인류 후생의 증진' 등이다. 제2장부터 제6장에서는 다섯 가지 기본 원칙을 구현하기 위한 시민의 보편적 권리와 주체별 책무를 세부 원칙으로 규정했다.

구체적으론 제2장은 '디지털 환경에서의 자유와 권리 보장', 제3장은 '디지털에 대한 공정한 접근과 기회의 균등', 제4장은 '안전하고 신뢰할 수 있는 디지털 사회', 제5장은 '자율과 창의 기반의 디지털 혁신의 촉진', 그리고 제6장은 '인류 후생의 증진' 등의 내용이 포함되어 있다. 제3장 13조 '디지털 자산의 보호'를 통해 인공지능의 학습 과정에서 저작권 침해 문제, 인공지능 저작물의 저작권 인정 여부 등에 대한 원칙을 제시했다. 아울러 제4장 20조 '건전한 디지털 환경 조성'에서는 '허위 조작 및 불법 · 유해 정보의 생산 · 유통이 방지되는 등 건전한 디지털 환경이 조성되어야 한다'고 지적하며, 가짜 뉴스 확산 방지에 대한 원칙을 제시했다.

정부는 이번 디지털 권리장전을 기준으로 디지털 심화 시대의 쟁점들을 해소하고 구체적인 법과 제도를 정비하기 위한 실질적인 노력을 이어 나가고, 디지털 권리장전을 통해 글로벌 디지털 규범 논의를 주도해 나갈 계획이라고 설명했다.

이러한 디지털 권리장전에 대하여 종래 헌법의 취지와 다를 것이 없고 새로울 것도 아니며 규범성도 없다는 비판도 제기되었다. 하지만 디지털과 AI 관련 법제와 정책에서 기본적으로 유념해야 할 원칙을 정한 것으로 이러한 내용에 따라 향후 정부가 디지털과 AI 정책을 추진하려 한다는 유연한 지침으로서 기능을 하면 관련 법이 만들어지기 전까지는 의미 있는 권리장전이 될 수 있지 않을까 하는 생각을 한다.

AI 계약의 유효성

AI가 인간에게 상해(傷害)를 일으키는 행동을 하고, 인간에게 위해를 가한 경우에 누가 어떻게 책임을 질 것인가? 민법에서 피해자는 가해자에게 손해배상책임을 추궁할 수 있으나, 그 책임이 인정되기 위해서 법률적으로 가해자에게 "고의 · 과실"(의도적으로 했거나, 한 행위에 부주의가 있을 것)이 필요하다. AI 제품을 제조 · 판매한 제조 회사 및 시스템 개발 회사에 대해서도 "고의 · 과실"이 있는가가 문제 된다. 이들 기업에 대하여 제조물 책임을 추궁하는 것도 생각할 수 있지만, 제조물책임법에서는 기업에 과실이 없더라도 제품에 "결함"이 있는 경우에 책임을 추궁할 수 있다. 그러나 어떨 때 AI 제품에 결함이 있다고 할 수 있는가는, 현시점에서 확립된 해석이 존재하지 않는다. 덧붙여, AI가 일으킨 사고의 형사책임에 대하여도 그 성립에는 고의 · 과실이 필요하다는 것 같은 문제가 발생한다. 주식 거래 등 투자 행위에서, 실제 로봇 어드바이저를 통한 거래 시 알고리즘 등 기술 관련 오류로 인해 발생한 손해에 대해 책임 소재의 분배에 관한 규정을 바탕으로 손해배상금 지급을 담보하는 보험 및 피해 구제 기금을 설립하는 것도 투자자 보호를 위한 효과적인 방안이 될 수 있을 것이다(이제영, 2018).

민법에서는 인간의 유효한 의사에 근거하는 것이, 계약을 유용하게 하는 전제 조건이고, 인간의 유효한 의사에 근거하지 않은 계약에 대해서는 취소나 무효를 주장할 수 있다. AI가 계약을 체결한 경우, 인간의 의사를 전제로 한 관점으로부터는 계약의 유효성에 의문이 생긴다. 물론, AI에는 배후에 그것을 사용하는 인간이 있기에, AI가 계약한다고 해도 AI의 배후에 있는 인간이 판단했다고 평가할 수 있는 때도 있다. 그 경우에는 일반적인 계약에서 같이 그 유효성을 판단할 수 있다. 그러나 AI가 인간에게 상해를 일으키는 판단을 하여 계약을 한 경우에, 그 계약은 인간의 의사를 반영하고 있다고 하기 어렵다. 그래서 그러한 AI가 체결한 계약에 대해서 취소나 무효를 주장할 수 있는가가 문제 된다. 한 걸음 나아가, AI가 인간이 보았을 때 명백히 이상한 계약을 체결한 경우에 상대 인간은 그 계약의 체결에 해당하는 조사를 할 의무가 있는가, 계약이 플랫폼에서 체결된 경우에 플랫폼 제공자가 AI에 의한 이상한 계약을 배제할 의무를 지는지도 문제 된다.

인터넷을 사용하여 투자 관련 정보를 제공하는 경우에 사업자에게는 투자 조언 업의 등록이 필요할 수 있다. 투자 자문 업체는 보수를 받고 유가 증권이나 금융 상품의 가치 등에 대해 구두, 문서 등으로 통보할 것을 약속하고 상대방이 이에 대해 보수를 지급할 것을 약속하는 것을 계약한다.

이와 같은 민법상 AI를 활용한 계약에 대한 지침으로, 일본 경제산업성은 2018년 6월, ① 데이터의 이용 등에 관한 계약과 ② AI 기술을 이용하는 소프트웨어의 개발・이용에 관한 주요 이슈와 논점에 관해 계약에서 고려할 사항 등을 정리한 'AI 데이터의 이용에 관한 계약 지침'을 책징했다. 2018년 1월에 '한정 제공 데이터에 대한 지침'이 공표된 것에 따라 동 지침에 반영해야 할 사항에 대한 검토를 실시했고 그 검토 결과에 따라 본 가이드라인(데이터 편)을 업데이트 한 버전을 『AI 데이터의 이용에 관한 계약 가이드라인』(비전 1.1)으로 공표한 것이다. 본 가이드라인의 내용을 지속적으로 평가하고 편리성을 향상하기 위해 경제산업성에서는 2018년 12월부터 AI 데이터 계약 가이드라인 검토회 워킹 그룹이 회의를 개최하고 향후 도전과 실무의 요구 등에 대해 검토했다. 2018년 부정경쟁방지법 개정(2019년 7월 시행)에 의해 "제한 제공 데이터"의 부정 취득 및 사용 등에 관한 민사 조치가 창설되었다. 『AI 데이터의 이용에 관한 계약 가이드라인』은 데이터 활용과 AI 기술 개발에 관한 계약 작성 지침으로 일본에서의 비즈니스와 연구 개발의 실무에서 참조되고 있다. AI 데이터 계약 가이드라인 검토회 워킹 그룹에서는 ① 데이터 공유형 계약에 관한 모델 약관, ② AI 기술의 진전 등을 감안, AI 편 모델 계약 조항, ③ 지침을 이용하고 있는 사업자의 청각을 통한 도전과 사용 사례 추출, ④ AI 개발 및 구현에 관한 손해에 대한 책임론 정리와 같은 논점에 대해서도 논의 · 검토를 했다. 이러한 논점에 대해서는 실무의 사례 축적을 바탕으로 그 결과를 공표하지 않고, 향후 이 가이드라인의 개정을 위한 논의를 계속하는 것으로 했다.

국내에서도 인공지능과 관련한 민법 개정이 이루어지지는 않았지만 종래 계약의 원칙과 인공지능의 투명성, 책임성, 공정성과 사생활 보호를 고려한 논의가 진행되고 있다. 진행되고 있는 인공지능 법률에서도 이러한 원칙 규정의 도입이 진행될 것으로 예상된다.

AI 법제의 미래

앞의 AI 계약 문제와 같이 AI 문제를 헌법이나 AI 법률 하나를 만들어 모두 해결할 수는 없다. 앞에서 기술한 다양한 AI 관련 이슈가 있기 때문이다. 또 민법 문제, 저작권법 문제, 노동시장에 미치는 영향 등 다양한 법적 사회적 이슈를 동반하게 되어 이러한 AI 관련 문제의 해결이 중요한 과제다.

이미 2024년 제22대 국회에는 인공지능 법안들이 제출되었다. 그러나 하나의 인공지능 법률에서 인공지능 이슈를 모두 해결할 수는 없다. 헌법 차원에서부터 다양한 권리, 의무 논의가 AI에 관해서 남겨져 있다. 앞으로 우리 사회에서 AI와 관련한 많은 이슈의 해결을 위해 각 분야에서 국민들이 참여하는 공개된 토론과 기술적인 토의가 함께 진행되어야 할 것이다.

참고문헌

이제영(2018). 핀테크 산업 확대에 따른 정책과제와 발전방향. ≪한국통신학회논문지≫, 43(9).

KBS뉴스(2023.9.25). '6장 28개조' 디지털 권리장전 공개…"AI·디지털 시대의 기준과 원칙". https://news.kbs.co.kr/news/pc/view/view.do?ncd=7782067

経済産業省, 「AI・データの利用に関する契約ガイドライン 1.1版」を策定しました. https://www.meti.go.jp/press/2019/12/20191209001/20191209001.html

AI 네트워크 사회를 향한 콘퍼런스(2017.7.28). 국제 토론을 위한 AI R&D 가이드라인 초안; The Conference toward AI Network Society, Draft AI R&D Guidelines for International

Discussions(28 July 2017).
人間中心のAI 会原則（統合イノベーション戦略推進会議決定），
Cabinet Office of Japan, Social Principles of Human-Centric AI (Mar. 29, 2019).
https://www8.cao.go.jp/cstp/aigensoku.pdf
新田 隆夫.「人間中心のAI社会原則」について.
https://www.juce.jp/LINK/journal/2001/02_05.html
新保 史生(2020).
ＡＩ原則は機能するか？－非拘束的原則から普遍的原則への道筋, 総務省 学術雑誌『情報通信政策研究』 第３巻第２号, 1-54頁.
経済産業省,「AI・データの利用に関する契約ガイドライン 1.1版」を策定しました.
https://www.meti.go.jp/press/2019/12/20191209001/20191209001.html
OECD(2019), Principles on AI(Recommendation of the Council on Artificial Intelligence),
https://legalinstruments.oecd.org/en/instruments/OECD-LEGAL-0449

손형섭

경성대학교 사회과학대학 법학과 헌법 교수. 동국대학교 국제정보대학원 인공지능보안 외래교수.
중앙대학교 법과대학 졸업 후 동대학교 대학원 석사학위를 취득했다. 석사학위 논문으로 권력분립과 수사기관의 균형과 통제를 위하여 '특별검사제의 합헌성과 입법방향'이라는 주제의 논문을 제출했다. 관정교육재단 국외장학생 2기로 선발된 후, 일본 도쿄대학 법학정치학연구과에 입학하여 "프라이버시권과 개인정보 보호의 헌법이론"(2008)이라는 논문을 제출하여 법학 박사학위를 취득했다.
이후 서울대학교 법과대학 학문후속세대 연구원, 헌법재판소 헌법연구원을 역임했다. 미국 UC 버클리 로스쿨 방문학자로 연구하면서 『4차산업혁명기의 IT·미디어법』(2019)을 쓰고, 『디지털 전환 시대의 법이론』(2023)을 공동 출간하는 등 다수의 저서를 집필했다.
대한민국 해군장교로 근무하면서 군사법경찰관으로서 구치소장, 헌병대 군기과장(헌병중대장)을 역임하고 중위로 복무를 마쳤다. 경찰대학, 고려대학교, 서울시립대학교, 중앙대학교, 단국대학교에서 헌법과 헌법소송법을 강의했다. 현재 경성대학교 법학과의 헌법학 교수로 재직하면서, 일본 국립 히토츠바시대학(一橋大)으로부터 객원연구원으로 초빙되었다. 2023년부터 동국대학교 국제정보대학원의 요청으로 인공지능·보안에 관한 법과 이론을 대학원에서 강의하고 있다.

국내 학회에 다수의 논문을 발표하였고 한국공법학회에서 신진학술상(2017)을 수상했다. 현재 한국공법학회, 비교공법학회의 부회장이며, 한국헌법학회, 4차산업융합법학회 등의 이사를 맡고 있으며, 2024년 10월 인공지능산업법학회 회장으로 취임했다.

국가를 대표하여 세계헌법학회(IACL), 세계공법학회법학회(ISPL)의 회원으로 국제학술대회에서 연구 성과를 발표하고 있다.

주로 헌법의 기본권과 통치 구조에 관한 연구, 나아가 프라이버시·개인정보 보호를 위한 연구를 기반으로 4차 산업혁명 기술과 법, 인공지능과 인권의 연구로 그 연구 영역을 확장하면서 국민의 인권 보장을 위해 새로운 기술과 헌법적 쟁점을 연구하고 있다.